J'ai lu, par ordre de S. A. Em. Monseigneur le Cardinal Prince DE CROŸ, Archevêque de Rouen, Primat de Normandïe, un excellent ouvrage intitulé : *Inde, Chine et Japon*, et je n'y ai rien trouvé que d'instructif et d'édifiant.

Rouen, le 2 novembre 1842.

Lejeune

Professeur à la Faculté de théologie.

Cérémonies du Mariage pratiquées à la Chine.

Pag. 181.

INDE
CHINE ET JAPON

OU

Nouveau Tableau anecdotique

DE LA RELIGION,
DES MŒURS, USAGES ET COUTUMES

DES PEUPLES

de ces contrées lointaines,

AVEC GRAVURES.

LEHUBY

Rue de Seine, 48.

BIBLIOTHÈQUE SPÉCIALE DE LA JEUNESSE,

APPROUVÉE

Par S. A. Em. Monseigneur le Cardinal

PRINCE DE CROŸ,

ARCHEVÊQUE DE ROUEN, PRIMAT DE NORMANDIE, ETC.

ROUEN.—FLEURY FILS AÎNÉ, LIBRAIRE DE S. A. E. Mgr LE CARDINAL
1843

AVANT-PROPOS.

Ce n'est pas sans raison que nous groupons ici dans le même cadre ces trois grandes portions de l'Asie qu'on appelle l'Inde, la Chine et le Japon.

Ces contrées sont, en général, peu ou mal connues en Europe. Il n'en est pas cependant qui soient aussi dignes d'intérêt, soit à cause des religions diverses qui y règnent, soit à cause de la singularité et quelquefois de la bizarrerie des mœurs, des coutumes et des usages que les voyageurs ont pu y remarquer.

Il nous a donc semblé utile à l'instruction de la jeunesse de réunir dans une suite de récits, de descriptions et de détails anecdotiques, les traits principaux dont se compose la physionomie morale de chacune des trois immenses contrées dont les noms figurent en tête de cet ouvrage. On verra que nous n'avons consulté que des autorités dont la bonne foi ne saurait être mise en doute. Les fragments qui composent cet ouvrage sont extraits de l'intéressante collection des *Lettres édifiantes*. Cette source nous dispense d'une plus longue apologie.

On remarquera également, et nous espérons qu'on nous en tiendra quelque compte, notre attention constante à n'offrir à nos jeunes lecteurs que des pages purgées très-soigneusement de tout détail, de toute image, de toute expression qui pourraient porter atteinte à la pureté de leur imagination et de leur cœur, ce point qui, malgré sa haute importance, n'est que trop souvent mis de côté dans la composition des livres destinés à l'éducation, notamment dans les livres extraits des relations de voyages. Ayant eu lieu fréquemment de faire cette fâcheuse remarque, nous avons dû faire aussi tous nos efforts pour éviter d'y donner lieu. Aussi pouvons-nous affirmer que l'ouvrage que nous offrons aujourd'hui aux enfants des deux sexes triompherait, sous ce rapport, de l'examen le plus scrupuleux et le plus sévère.

INDE,

CHINE ET JAPON.

***

Littérature et sciences des Indiens (1740).

Les bracmanes ont été, dans tous les temps, les seuls dépositaires des sciences dans l'Inde. Un bracmane qui veut vivre selon sa règle ne doit s'occuper que de la religion et de l'étude; mais ils sont tombés peu à peu dans un grand relâchement.

Les Indiens de la véritable caste des rajas peuvent être instruits dans les sciences par des bracmanes; mais ces sciences sont inaccessibles à toutes les autres castes, auxquelles on peut communiquer seulement certains poëmes, la grammaire, la poétique et certaines sentences morales. Les sciences et les beaux-arts, qui ont été cultivés avec tant de gloire et de succès par les Grecs et les Romains, ont fleuri pareillement dans l'Inde, et toute l'antiquité rend témoignage au mérite des gymnosophistes. Ce sont évidemment les bracmanes, et surtout ceux qui, parmi eux, renoncent entièrement au commerce du monde.

La grammaire des bracmanes peut être mise au rang des plus belles sciences. Jamais l'analyse et la synthèse ne furent plus heureusement employées que dans leurs ouvrages grammaticaux de la langue *sanscrite*. Il me paraît que cette langue, si admirable par son harmonie, son abondance et son énergie, était autrefois la langue vivante dans les pays habités par les premiers bracmanes. Après bien des siècles elle s'est insensiblement corrompue dans l'usage commun ; de sorte que le langage des anciens dans les livres sacrés est assez souvent inintelligible aux plus habiles, qui ne savent que le *sanscrit* fixé par les grammaires.

Il est étonnant que l'esprit humain ait pu atteindre à la perfection de l'art qui éclate dans ces grammaires. Leurs auteurs y ont réduit par l'analyse la plus riche langue du monde à un petit nombre d'éléments primitifs, que l'on peut regarder comme le *caput mortuum* de la langue. Ces éléments ne sont par eux-mêmes d'aucun usage, ils ne signifient proprement rien, ils ont seulement rapport à une idée, par exemple, *kau* à l'idée d'action. Les éléments secondaires qui affectent le primitif, sont les terminaisons qui le fixent à être nom ou verbe, un certain nombre de syllabes à placer entre les primitifs et les terminaisons, quelques prépositions, etc.; la synthèse réunit et combine tous ces éléments, et en forme une variété infinie de termes d'usage. Ce sont les règles de cette union et de cette combinaison que la grammaire enseigne, de sorte qu'un simple écolier, qui ne saurait que la grammaire, peut, en opérant selon les règles sur un élément primitif, en tirer plusieurs milliers de mots vraiment *sanscrits*. C'est cet art qui a

donné le nom à la langue, car *sanscrit* signifie synthétique ou composé.

Mais comme l'usage fait varier à l'infini
la signification des termes, il a été nécessaire
de la fixer par des dictionnaires. Celui qui
est le plus en usage est rangé à peu près selon la méthode de l'*Indiculus universalis*. Un
autre est rangé par ordre alphabétique, selon
les lettres finales des mots.

Outre ces dictionnaires généraux, chaque
science a son introduction, où l'on apprend
les termes propres que l'on chercherait en
vain partout ailleurs. Cela a été nécessaire
pour conserver aux sciences un air de mys-
tère qui les rendît la propriété exclusive des
bracmanes.

Les traités de poésie et de versification
sont en grand nombre.

A l'égard de la grande poésie ou des poëmes de différentes espèces, la nature étant la
même partout, les règles sont à peu près les
mêmes. L'unité d'action est moins observée
pourtant dans leurs *Pourânam* et autres poëmes que dans Homère et dans Virgile. J'ai

vu néanmoins quelques poëmes où l'on garde plus scrupuleusement l'unité d'action, comme dans l'*Harma-pourânam*. Les fables indiennes, que les Arabes et les Persans ont si souvent traduites en leur langue, font un recueil de cinq petits poëmes parfaitement réguliers, composés pour l'éducation des princes de *Patnah*.

L'éloquence des orateurs n'a jamais été fort en usage dans l'Inde, et l'art de bien discourir y a été encore moins cultivé; mais, quant à la pureté, à la beauté et aux ornements de l'élocution, les bracmanes ont un grand nombre de livres qui en contiennent les préceptes, et en font une science à part, que l'on nomme *science de l'ornement*.

De toutes les parties de la belle litérature, l'histoire est celle que les Indiens ont le moins cultivée. Cependant je ne doute pas que dans le palais des princes il n'y ait des monuments suivis de l'histoire de leurs ancêtres, surtout dans l'Indostan, où les princes sont plus puissants, et rajas de leur caste. Il y a même dans le nord plusieurs

livres qu'on nomme *nâtak*, qui selon les bracmanes, contiennent beaucoup d'histoires
sans aucun mélange de fables.

Pour ce qui est des Mogols, ils aiment
l'histoire, et celle de leurs rois a été écrite
par plusieurs savants de leur religion. La
Gazette de tout l'empire, composée dans le
palais même du Grand Mogol, paraît à Delhi
au moins une fois par mois. Dans les poëmes
indiens on trouve mille restes précieux de la
vénérable antiquité, une notion bien mar-
quée du paradis terrestre, de l'arbre de vie,
de quatre grands fleuves, dont le Gange est
du nombre, du déluge, de l'empire des As-
syriens, des victoires d'Alexandre, sous le
nom de *Javana-Raja*, roi des Javans ou
Grecs.

On assure que, parmi les livres dont l'aca-
démie des bracmanes de *Cangi-Vouram* est
dépositaire, il en est d'historiques fort anciens, où il est parlé de saint Thomas, de
son martyre et du lieu de sa sépulture. Ce
sont des bracmanes qui l'ont dit et qui se
sont offerts à les communiquer, moyennant

des sommes que les missionnaires n'ont jamais été en état de leur donner.

Les bracmanes ont cultivé presque toutes les parties des mathématiques. L'algèbre ne leur est pas inconnue ; mais leur astronomie, dont la fin est l'astrologie, a toujours été le principal objet de leurs études. Ils ont plusieurs méthodes d'astronomie.

Comme parmi les Grecs il y eut plusieurs sectes de philosophie, il y a eu dans l'antiquité, parmi les bracmanes, six principales écoles ou sectes philosophiques distinguées entre elles par quelque sentiment particulier sur la félicité et sur les moyens d'y parvenir.

Les philosophes indiens ne donnent par leur conduite aucune atteinte à la religion commune : et, quand ils veulent réduire leur théorie à la pratique, ils renoncent entièrement au monde, et même à leur famille.

Description géographique de l'Inde. — Tamerlan.

L'Inde, un des plus grands et des plus riches empires de l'Asie, tire son nom du fleuve *Indus* qui l'arrose vers l'occident, et qui, prenant sa source vers le mont Caucase (1), après l'avoir traversée du nord au midi, se jette dans la mer des Indes (2).

Au nord, elle a pour bornes la Grande-Tatarie, dont elle est séparée par le Caucase; la Chine, à l'orient; au midi, l'océan oriental; et la Perse, à l'occident. On la divise en trois parties, qui sont l'Inde septentrionale ou l'empire du Mogol, appelé communément l'Indostan; la presqu'île occidentale en deça du Gange, et la presqu'île orientale au delà du Gange.

Delhi, vers le milieu de l'Indostan, est la capitale de ce vaste empire, et la résidence des princes mogols. Un peu vers le sud est Agra, la plus grande ville des Indes, autrefois le séjour des empereurs. Au nord de Delhi sont *Lahore*, l'abord ordinaire des caravanes, et *Caboul*, située dans les mon-

(1) Ou plutôt dans les montagnes du Petit-Thibet.

(2) Ou plutôt dans le golfe du Sind, nom moderne de l'Indus.

tagnes sur les frontières de la Perse et de la Tatarie.

La presqu'île occidentale en deçà du Gange est traversée du midi au nord par les montagnes de Gatte, qui commencent au cap de Comorin, et qui la divisent en deux parties, l'une orientale et l'autre occidentale. La partie occidentale contient les royaumes de Dekan ou Visapour, de Baglana, de Cuncan et de Malabar. En allant du nord au sud, on y trouve les villes de Visapour, de Goa, qui appartiennent aux Portugais ; de Bombay, de Calicut, de Canahor, de Cohin et de Travancor. Ensuite, doublant le cap de Comorin, et retournant au nord par l'orient, on trouve sur la côte de Coromandel les royaumes de Canora, de Maduré, de Tanjaour, de Mayssour, de Marava, de Marzingue ou de Bisnagar, et au nord celui de Golconde. Les principales villes de cette partie orientale sont, en allant du nord au sud, Golconde, Trichirapali et Tanjaour, dans les terres ; sur la côte, Masulipatan, Paliacate, Madras, Méliapour ou Saint-

Thomé , Sadras , Pondichéry, Goudelour, Portenovo, Trinquebar et Négapatan.

C'est dans ces vastes pays que, vers la fin du quatorzième siècle, le fameux Tymur-Beg, plus connu sous le nom de Tamerlan, après avoir soumis presque toute l'Asie, et s'être rendu maître de l'Indostan, établit un puissant empire qui a toujours été possédé depuis par ses descendants, sous le nom de princes mogols. Aureng-Zeb, un des plus fameux, en étendit beaucoup les bornes du côté du midi, par la conquête des royaumes de Visapour et de Golconde. De là les Mogols pénétrèrent dans la presqu'île en deça du Gange, portèrent leurs armes jusque dans la Carnate, dont le vice-roi ou souba, qu'ils avaient établi à Golconde, acheva de se rendre maître, par la prise de Saint-Thomé, dont il s'empara avec l'aide des Hollandais.

Cette dernière ville, appelée autrefois Méliapour, a pris ce dernier nom, parce que saint Thomas est regardé comme l'apôtre de cette partie de l'Inde, et que l'on prétend qu'il y a fait un long séjour, qu'il y a prêché l'Évangile, et qu'il y a été enterré, après avoir été massacré par les brames. Sa chute donna lieu, en 1771, à l'établissement de Patnah, qui n'en est éloigné que de deux lieues, et que les Anglais appellent le fort Saint-Georges.

Du Grand Mogol (1).

Le Grand Mogol est une belle idole parée, que l'on encense, qu'on honore par des respects, et à qui l'on offre des présents, mais sourde dans le fond, muette et insensible, et dont tout le pouvoir n'a de fondement que dans la vénération des peuples et l'attachement qu'ils ont pour elle.

Le gouvernement est absolu dans les Indes, comme dans tout l'Orient. Là, le monarque est aussi despote et indépendant qu'en Turquie. La vénération des Mogols pour leur empereur n'est pas moins grande que celle des Turcs pour la personne du

(1) Il n'y a plus de Grand Mogol.

grand seigneur, mais leur soumission et leur attachement se bornent uniquement au trône de Tamerlan, sans qu'ils se mettent beaucoup en peine de quel nom ou de quelle famille est celui par qui il est occupé. Tout homme qui chez eux est maître du sceau de l'empire, est en même temps leur maître et leur empereur : ils le respectent, lui obéissent et lui paient tribut; il n'appartient qu'à lui de distribuer les charges, les titres et les honneurs; lui seul peut nommer aux gouvernements; mais ce prince, si grand et si puissant, n'a pas un seul soldat à ses ordres; toutes les forces de l'empire sont entre les mains des ministres, des ombries et des autres grands de l'empire. En donnant un gouvernement à quelqu'un, le Grand Mogol n'a pas le pouvoir de l'en mettre en possession malgré un seigneur rebelle qui s'en sera emparé; c'est au nouveau gouverneur à lever une armée, à marcher contre l'usurpateur, et à tâcher de le chasser de la province qu'il occupe sans aucun titre : s'il réussit, c'est tant mieux pour lui; s'il est battu, l'empereur n'en est pas moins reconnu et respecté, et le vainqueur a bientôt obtenu son agrément par les présents qu'il lui envoie.

Découverte de trente-deux îles au sud des îles Mariannes (1697).

Les îles que l'on nomme *los Pintados* sont assez grandes, et elles sont séparées les unes des autres par des bras de mer dont le flux et le reflux rendent la navigation difficile et dangereuse. Il y a dans ces îles soixante-dix-sept mille Chrétiens, sous la conduite spirituelle de quarante et un missionnaires jésuites (1). On s'est assuré, cette année, de la découverte d'autres îles, nommées *Pais* (2). Voici comment la chose s'est passée.

En faisant la visite des îles Pintados, le Père provincial et moi nous arrivâmes à la bourgade de Guivam, dans l'île de Samal,

(1) Les îles *los Pintados* dépendent des îles Philippines.

(2) Ces îles sont les Carolines ou les Nouvelles-Philippines.

la dernière et la plus méridionale des Pintados orientales. Nous y trouvâmes vingt-
neuf palaos ou habitants de ces îles nouvel-
lement découvertes. Les vents d'est qui
règnent sur ces mers, depuis le mois de
décembre jusqu'au mois de mai, les avaient
jetés, à trois cents lieues de leurs îles, dans
cette bourgade de l'île de Samal. Ils étaient
venus sur deux petits bâtiments que l'on appelle ici *paraos*. Voici comment ils racontè-
rent leur aventure :

Ils s'étaient embarqués au nombre de
trente-cinq personnes, pour passer à une
île voisine, lorsqu'il s'éleva un vent si violent, que, ne pouvant gagner l'île où ils voulaient aller, ni aucune autre du voisinage, ils
furent emportés vers la haute mer. Ils firent
beaucoup d'efforts pour aborder à quelque
rivage ou à quelque île de leur connaissance;
mais ce fut en vain. Ils voguèrent ainsi au
gré des vents pendant soixante-dix jours,
sans pouvoir prendre terre. Enfin, perdant
toute espérance de retourner dans leur pays,
et se voyant à demi morts de faim, sans eau

et sans vivres, ils résolurent de s'abandonner à la merci des vents, et d'aborder à la première île qu'ils trouveraient du côté de l'occident. A peine eurent-ils pris cette résolution, qu'ils se trouvèrent à la vue de la bourgade de Guivam, dans l'île de Samal. Un Guivamois, qui était au bord de la mer, lès aperçut, et jugeant par la structure de leurs petits bâtiments que c'étaient des étrangers qui s'étaient égarés, il prit un linge et leur fit signe d'entrer par le canal qu'il leur montrait, pour éviter les écueils et les bancs de sable sur lesquels ils allaient échouer. Ces pauvres gens furent si effrayés de voir cet inconnu, qu'ils commencèrent à retourner vers la haute mer; mais, quelques efforts qu'ils fissent, ils n'y purent parvenir, et le vent les repoussa constamment vers le rivage. Quand ils en furent proches, le Guivamois chercha à leur faire entendre par des signes la route qu'ils devaient prendre; mais, voyant qu'ils ne la prenaient pas, et qu'ils allaient infailliblement se perdre, il se jette à la mer, et nage vers l'un des deux petits vaisseaux, dans le dessein de s'en faire le pilote, et de les conduire sûrement au port. A peine y fut-il arrivé, que ceux qui étaient dedans, et les femmes mêmes chargées de leurs petits enfants, se jettent à la nage pour gagner l'autre vaisseau, tant ils craignaient l'approche de cet inconnu. Cet homme se voyant seul dans le bâtiment, se met à les suivre, et étant entré dans le second, il lui fait éviter tous les écueils et le conduit au port. Pendant ce temps-là, ces pauvres gens demeurèrent immobiles, et s'abandonnèrent à la conduite du Guivamois, dont ils se regardaient comme les prisonniers.

Lorsqu'ils eurent pris terre, les habitants de Guivam, accourus sur le rivage, les reçurent avec charité, et leur offrirent du vin et des rafraîchissements. Ils mangèrent volontiers des cocos, qui sont les fruits des palmiers de ce pays; on leur présenta du riz cuit à l'eau, dont on se sert en Asie, comme du pain en Europe; ils le regardèrent avec admiration, et en prirent quelques grains qu'ils jetèrent aussitôt à terre, s'imaginant que c'étaient des vermisseaux ; mais ils témoignèrent beaucoup de joie, quand on leur apporta de ces grosses racines qu'on appelle *palavan*, et ils en mangèrent avec avidité.

Les habitants de Guivam s'offrirent à l'envi pour mener ces étrangers dans leurs maisons, et pour leur fournir tout ce qui leur serait nécessaire, soit pour la subsistance, soit pour le vêtement.

De trente-cinq qu'ils étaient d'abord, il n'en restait plus que trente, car la disette des vivres et les incommodités d'une longue navigation en avaient fait mourir cinq pendant le voyage. Peu de temps après leur arrivée, il en mourut encore un qui eut le bonheur de recevoir le baptême.

Ils rapportèrent que leur pays consiste en trente-deux îles. Elles ne doivent pas être fort éloignées des Mariannes, à en juger par la structure de leurs petits bâtiments et par la forme de leurs voiles, puisqu'elles sont les mêmes. Il y a bien de l'apparence que ces îles sont plus au midi que les Mariannes,

à onze ou douze degrés de latitude septentrionale, et sous le même parallèle que Guivam, puisque ces étrangers, venant tout droit
d'orient en occident, ont abordé au rivage
de cette bourgade.

Ces étrangers ajoutèrent que de ces trente-
deux îles il y en a trois qui ne sont habitées
que par des oiseaux, mais que les autres sont
extrêmement peuplées.

L'*Amurrec* est la plus considérable de
toutes ces îles : c'est là que le roi de toutes
les autres tient sa cour. Les chefs de toutes
les habitations lui sont soumis. Il s'est trouvé
parmi ces étrangers un de ces chefs, avec sa
femme, qui est la fille du roi. Quoiqu'ils
soient à moitié nus, ils ont des manières et
un certain air de grandeur qui font assez
connaître ce qu'ils sont. Le mari a le corps
tout peint de certaines lignes dont l'arrangement forme diverses figures; les autres
hommes en ont plus, les autres moins, mais
les femmes et les enfants n'en ont point. Les
hommes n'ont point d'autre vêtement qu'une
espèce de ceinture qui leur couvre les reins

et les cuisses, et qui fait plusieurs tours autour de leur corps. Ils ont sur les épaules
plus d'une aune et demie d'une grosse toile,
dont ils se font une espèce de capuchon
qu'ils lient par devant et laissent pendre né-
gligemment par derrière. Les hommes et les
femmes sont habillés de la même manière,
excepté que les femmes ont un linge plus
long, qui descend depuis la ceinture jusqu'aux genoux.

Leur langue est différente de celle des
Philippines, et même de celle des îles Mariannes. Leur prononciation approche de
celle des Arabes.

Voici la manière dont ils ont vécu sur mer
pendant soixante-dix jours qu'ils y ont été
le jouet des vents ; ils jetaient en mer une
espèce de nasse, faite de plusieurs petites
branches d'arbres liées ensemble ; cette nasse
avait une grande ouverture pour laisser entrer le poisson, et se terminait en pointe pour
l'empêcher de sortir. Le poisson qu'ils prenaient de cette manière était toute leur nourriture, et ils ne buvaient que de l'eau de pluie

qu'ils recevaient dans des écorces de coco.

Ils n'ont point de vaches dans leurs îles; ils voulurent s'enfuir quand ils en virent qui broutaient l'herbe, aussi bien que lorsqu'ils entendirent un petit chien aboyer dans la maison des missionnaires. Ils n'ont point non plus de chats, de cerfs, de chevaux, ni généralement de quadrupèdes; ils n'ont même guère d'autres oiseaux que ceux qui vivent sur la mer : ils ont cependant des poules dont ils se nourrissent, mais ils n'en mangent point les œufs.

Malgré cette disette de toutes choses, ils sont gais et contents de leur sort. Ils ont des chants et des danses assez réguliers; ils chantent tous ensemble, et font les mêmes gestes, ce qui n'est pas sans agrément.

Il n'a pas paru jusqu'à présent qu'ils aient aucune connaissance de la Divinité, ni qu'ils adorent des idoles : on n'a remarqué en eux qu'une vie tout animale; tout leur soin est de chercher à boire et à manger.

On a déjà baptisé les enfants; on instruit les autres des mystères de notre religion.

Détails sur la ville de Manille (1721).

CETTE ville est la capitale de toutes ces îles qu'on nomme *Philippines,* et qui appartiennent au roi d'Espagne. Nous avons dans cette ville un grand collége, et un séminaire où l'on enseigne la théologie, la philosophie et les belles-lettres ; il y a de plus différents prédicateurs, et deux ou trois Pères occupés jour et nuit aux fonctions du ministère, et à visiter les malades et les prisonniers. Les études y fleurissent, et l'on a vu sortir de ce séminaire plusieurs évêques, des docteurs en théologie, et un grand nombre de sujets qui excellent en toutes sortes de sciences. On n'y reçoit que les enfants des Espagnols, d'après les intentions du fondateur. Le revenu de l'archevêque est de dix mille écus. L'état ecclésiastique et séculier est entretenu des libéralités de Sa Majesté catholique, qui fait parvenir tous les ans du Mexique, de quoi fournir à cette dépense.

Quant au gouvernement politique, tout est réglé avec beaucoup de sagesse par les ordonnances royales. Il y a une cour de justice, composée de conseillers, d'un fiscal, et d'un président qui est en même temps gouverneur de Manille, et capitaine général de toutes les îles. Ce premier officier se renouvelle tous les cinq ans, et, en cas de mort, le premier conseiller prend sa place jusqu'à ce que le roi y ait pourvu. Les officiers subalternes dépendent de cette cour, et principalement du gouverneur, qui envoie tous les deux ans dans chaque province un juge espagnol, avec autorité de juger en dernier ressort les procès des Indiens, excepté les causes capitales, dont la connaissance est réservée à la cour de justice séant à Manille. Ce juge visite tous les ans chaque bourgade de sa juridiction; mais il ne peut ni rien innover, ni rien décider, que de l'avis et du consentement du curé. Au bout de deux ans, la même cour députe un autre juge, pour écouter les plaintes des Indiens, au cas qu'ils en aient à faire contre le juge qui l'a précédé.

MÉMOIRES DE LA CHINE.

Religion des peuples du Tong-King (1).

LES Tong-Kinois adorent trois idoles principales : on nomme la première l'*idole de la cuisine*; la seconde, le *maître ès arts*; la troisième, le *seigneur du lieu où l'on demeure*. L'idole de la cuisine tire son origine d'une histoire que l'on raconte ainsi : Une femme s'étant séparée de son mari pour quelques mécontements, passa à de secondes noces, ce qui causa tant de douleur à son premier époux, que cet infortuné se jeta dans un brasier ardent pour y terminer ses jours. Le bruit ne s'en fut pas plus tôt répandu, que l'épouse infidèle, touchée de repentir, se jeta dans le feu qui avait consumé son mari. Son

(1) Le Tong-King est un royaume situé au midi de la Chine et au nord de la Cochinchine.

second époux n'en fut pas plus tôt informé, qu'il accourut; mais, ayant trouvé sa femme réduite en cendres, il en fut si pénétré de douleur, qu'il se précipita dans le même brasier, où il fut brûlé à l'instant. Telle est l'origine de l'*idole de la cuisine*. L'esprit de cette divinité anime trois pierres dont les Tong-Kinois se servent pour faire leur cuisine, et qu'ils adorent le premier jour de l'an.

L'idole *maître ès arts* est l'image d'un Chinois que les idolâtres du pays croient avoir été le plus ingénieux, le plus sage et le plus savant des hommes. Les marchands l'invoquent avant de vendre et d'acheter; les pêcheurs, avant de jeter leurs filets dans la mer; les courtisans, avant d'aller faire leur cour au prince; les artisans, avant de commencer leur ouvrage.

L'idole le *seigneur du lieu où l'on demeure*, n'est pas moins révérée que les deux autres. Voici la manière dont on lui rend hommage. Quand quelqu'un veut faire bâtir une maison, il commence par se bien persuader que le terrain n'appartient pas tellement au roi

qu'il n'ait quelque autre maître qui, après
sa mort, conserve le même droit dont il a
joui pendant sa vie; ensuite il fait venir un
magicien, qui, au bruit du tambour, invite
l'âme du maître défunt à venir demeurer
sous un petit toit qu'on lui prépare, et où on
lui présente du papier doré, des odeurs et
de petites tables couvertes de mets, le tout
pour l'engager à souffrir le nouvel hôte dans
son champ.

Outre ces trois idoles, les Tong-Kinois
adorent le ciel, la lune et les étoiles. J'en
ai vu qui divisaient la terre en dix parties,
et faisaient à chacune une profonde révé-
rence; d'autres partagent le monde en six
parties égales, dont la sixième est censée au
milieu, et prennent pour les adorer des couleurs particulières. Quand ils rendent hommage au septentrion, ils s'habillent de noir
et ne se servent dans leurs sacrifices que
d'instruments noirs; lorsqu'ils adorent le
midi, ils s'habillent de rouge : quand ils sa-
crifient à l'orient, ils ont des habits verts;
quand ils invoquent l'occident, la couleur

blanche est celle dont ils se servent dans leurs adorations; pour la partie du milieu, ils lui rendent hommage en habits jaunes.

La superstition des Tong-Kinois va encore plus loin. On m'a dit qu'ils révéraient les éléphants, les chevaux, les oiseaux, les singes, les serpents, les arbres, les vices mêmes et les créatures les plus infâmes. Il y a quelques jours que des pêcheurs ayant trouvé sur les bords de la mer une pièce de bois que les flots y avaient jetée, lui offrirent aussitôt leur pêche, comme à une divinité puissante dont ils croyaient avoir reçu tout le poisson qu'ils avaient pris; ils s'occupent actuellement à lui bâtir un temple, et disent que c'est la fille de quelque empereur qui s'est jetée dans la mer, et qui, sous la forme d'une pièce de bois, a daigné choisir leur port, afin de répandre sur eux ses bénédictions et ses grâces.

Lorsqu'un infidèle veut bâtir une maison, ou marier un enfant, ou faire quelque voyage, il va consulter un devin : celui-ci feint d'être aveugle, pour donner à entendre qu'il ne voit et n'écoute que la vérité, et, avant de répondre, il prend un livre qu'il ouvre à demi, comme s'il craignait de laisser voir aux yeux profanes ce qu'il contient. Après avoir demandé l'âge de la personne dont on veut savoir le bon ou le mauvais succès, il jette en l'air deux petites pièces de cuivre, où sont gravés, seulement d'un côté, certains chiffres mystérieux : si, quand ces pièces tombent à terre, les lettres se trouvent renversées, c'est un mauvais présage; si, au contraire, elles sont tournées vers le ciel, l'augure est favorable.

Il y a des magiciennes qui font profession de dire l'état des âmes dans l'autre monde. Une mère qui a perdu son fils, et qui veut savoir la situation où il est après sa mort, va trouver une magicienne, qui prend un tambour qu'elle frappe à coups inégaux, comme pour appeler l'âme du défunt; après quoi elle rassure la mère sur le sort de son fils, dont elle dit que l'âme a passé devant elle pour lui exposer l'état où elle se trouve. Cet état est plus ou moins heureux, selon que la mère paie plus ou moins généreusement.

Religion de quelques montagnards qui se sont affranchis du joug de la Cochinchine et de celui du Tong-King (1766).

CES peuples vivent comme des bêtes féroces, au milieu des bois et des montagnes escarpées, où personne n'ose aller les attaquer. Ils forment une espèce de république, et regardent leur prêtre comme leur chef. L'intérêt que ce ministre de l'erreur a de conserver son autorité, lui a suggéré un système de religion tout particulier : en voici une esquisse qui vous fera gémir sur le déplorable aveuglement de ce peuple.

C'est ordinairement dans la maison du prêtre que les dieux rendent leurs oracles. Un grand bruit annonce leur arrivée. Ces montagnards, qui passent le temps à boire et à danser, interrompent leurs plaisirs, et poussent des cris de joie qui ressemblent bien plus à des hurlements qu'à des acclamations. *Père,* s'écrient-ils en parlant au principal de leur dieux, *êtes-vous déjà venu?* Ils entendent une voix qui leur répond :

Enfants, courage! continuez à boire ; mangez ; divertissez-vous ; c'est moi qui vous procure les avantages dont vous jouissez.

Après cette réponse, que l'on écoute en silence, on continue à se plonger dans les plaisirs. Cependant les dieux ont soif à leur tour, et demandent à boire. Aussitôt on prépare des vases ornés de fleurs, et le prêtre les reçoit pour les porter aux dieux ; car il n'y a que lui qui soit leur confident, et qui ait le droit de les entretenir. L'un de ces dieux est représenté avec un visage pâle, une tête chauve, et une physionomie qui fait horreur. Celui-là ne se rend point au temple comme les autres, pour y recevoir les hommages de ses adorateurs, parce qu'il est continuellement occupé à conduire les âmes des morts dans l'autre monde. Il arrive quelquefois que ce dieu empêche l'âme de passer hors du pays, surtout si c'est celle d'un jeune homme ; alors il la plonge dans un lac, où elle reste jusqu'à ce qu'elle soit purifiée. Si cette âme n'est pas docile, et qu'elle résiste aux volontés du dieu, il s'irrite, la met en pièces, et la jette dans un autre lac où elle reste sans espérance d'en sortir.

On raconte que ces Barbares, au retour d'une chasse, ayant trouvé leurs cavernes remplies de serpents, s'adressèrent à leur prêtre pour demander aux dieux qu'elle était la cause d'un si grand malheur. Le prêtre, après avoir consulté les dieux, rapporta leur réponse, qui était qu'en portant au ciel l'âme d'un jeune homme dont le père vivait encore, cette âme manqua de respect au dieu conducteur, ce qui l'avait obligé à la précipiter dans la mer.

Le paradis de ce peuple n'est guère capable de contenter un esprit tant soit peu raisonnable. L'opinion commune est qu'il y a de gros arbres qui distillent une espèce de gomme dont les âmes subsistent, du miel délicieux et des poissons d'une grandeur prodigieuse: on croit aussi qu'il s'y trouve des singes dont l'emploi est d'amuser les morts, et un aigle si grand, que ses ailes mettent tout le paradis à l'abri de la chaleur.

Voilà tout ce que j'ai pu recueillir de la religion de ces Barbares. Pour ce qui regarde leurs mœurs, elles sont des plus dissolues, et quiconque voudrait y mettre un frein courrait un danger évident de perdre la vie.

D'Achen, ville capitale du royaume du même nom.

Tout ce qu'on voit à Achen est si singulier, que j'ai regretté cent fois de ne savoir pas dessiner, pour rendre ici ce que je ne pourrai expliquer qu'imparfaitement.

Imaginez-vous, s'il vous plaît, une forêt de cocotiers, de bambous, d'ananas, de bananiers, au milieu de laquelle passe une assez belle rivière toute couverte de bateaux ; mettez dans cette forêt un nombre incroyable de maisons faites avec des cannes, des roseaux, des écorces, et disposez-les de telle manière quelles forment tantôt des rues et tantôt des quartiers séparés : coupez ces divers quartiers de prairies et de bois ; répandez partout dans cette grande forêt autant d'hommes qu'on en voit dans nos villes lorsqu'elles sont bien peuplées : vous vous formerez une idée assez juste d'Achen, et vous conviendrez qu'une ville de ce goût nouveau peut faire plaisir à des étrangers qui passent. Il y a à Achen toutes sortes de nations, et chacune a son quartier et son église.

La situation du port d'Achen est admirable, le mouillage excellent, et toute la côte fort saine : le port est un grand bassin qui est borné d'un côté par la terre ferme de *Sumatra* (1), et des autres par deux ou trois îles qui laissent entre elles des passes ou des chemins, l'un pour aller à Malacca, l'autre pour le Bengale, et un autre pour Surate. Quand on est dans la rade, on n'aperçoit aucun vestige ni aucune apparence de ville, parce que de grands arbres qui bordent le rivage en cachent toutes les maisons ; mais, outre le paysage, qui est très-beau, rien n'est plus agréable que de voir le matin une infinité de petits bateaux de pêcheurs qui sortent de la rivière avec le jour, et ne ren-

(1) Le royaume d'*Achen* est situé dans l'île de *Sumatra*, qui, opposée à celle de *Java*, forme le détroit de la Sonde.

trent que le soir : vous diriez un essaim d'a-
beilles qui reviennent à la ruche chargées
du fruit de leur travail.

Ces petites barques de pêcheurs n'ont pas
plus de trois pieds de large, et environ vingt
pieds de long : tout y est extrêmement propre, tant au dedans qu'au dehors ; les planches en sont si bien jointes, qu'il ne faut
ni étoupe ni goudron pour les calfater ; et
ces barques paraissent toujours neuves : on
ne se sert point de rames pour les faire avancer, mais d'une voile qui est une natte très-
fine et très-légère, qui paraît deux fois plus
grande qu'il ne faudrait pour la dimension
de la barque ; l'art a su remédier à cet inconvénient : il y a aux deux bouts de la barque
deux perches assez longues, au haut de
chaque perche est attachée une pièce de
bois courbée vers la mer en forme d'arc, et
de toute la longueur du bâtiment ; chaque
arc tient à celui qui est vis-à-vis par une
pièce de bois assez pesante ; ces deux pièces
sont attachées aux extrémités de l'arc, et,
faisant un contre-poids l'une contre l'autre,

forment une espèce de balancier qui empêche ces petits canots de se renverser ; par ce moyen le moindre vent les pousse, et ils volent sur l'eau avec une rapidité surprenante, sans appréhender les plus furieux coups de mer.

Pour entrer dans la rivière on prend un assez long détour, à cause d'un banc de sable qu'elle forme en se déchargeant dans la mer ; on nage ensuite environ un bon quart de lieue entre deux petits bois de cocos et d'autres arbres qui ne perdent jamais leur verdure, et que la seule nature a plantés là.

A travers ces arbres on commence à découvrir quelque chose de la ville d'Achen. Elle me parut d'abord comme un de ces paysages sortis de l'imagination d'un peintre ou d'un poëte qui rassemble sous un coup d'œil tout ce que la campagne a de plus riant : tout y est négligé et naturel, champêtre et même un peu sauvage.

Je n'ai pu rien apprendre de certain touchant le gouvernement de ce royaume : on parle encore quelquefois d'une reine d'Achen; mais je crois que c'est une fable, ou, s'il y en a une, ce n'est qu'un fantôme de royauté, quatre ou cinq seigneurs partageant entre eux le pouvoir, qui certainement n'est pas grand'chose. Les Achénois ne sont plus rien; leur pays ne produit ni froment ni vigne, et le commerce ne roule uniquement que sur le poivre et sur l'or. Il n'est pas besoin d'ouvrir les entrailles de la terre pour y chercher ce précieux métal; on le ramasse sur le penchant des montagnes, et on le trouve par petits morceaux dans les ravins où les eaux l'entraînent. L'or d'Achen est estimé et passe pour le plus pur qui existe.

De la ville de Malacca et de l'Ile-Verte.

La ville de Malacca est éloignée d'Achen d'environ cent cinquante lieues : on y trouve les mêmes agréments que l'on voit à Achen. C'est encore ici de la verdure en quantité, des paysages champêtres; mais les maisons sont mieux bâties; il y a un plus grand concours de nations, un plus grand commerce, beaucoup plus d'Européens, et un air moins négligé qu'à Achen, sans pourtant que l'art y cache la nature. La ville est séparée de la forteresse par une rivière qui, venant à se joindre à la mer lorsque la marée est haute, fait que la citadelle demeure isolée. Cette forteresse est grande comme la ville de Saint-Mâlo, et renferme dans son enceinte une colline sur laquelle on voit encore les restes de l'église Saint-Paul, où saint François Xavier a longtemps prêché. La garnison n'est que de deux cent quinze hommes et six cavaliers, plusieurs sont catholiques : le tout est ramassé de diverses nations de l'Europe. Les bastions sont assez bons; il y a de beaux canons et en quantité, mais peu de monde pour les servir. La rade est belle et vaste ; c'est une anse que la côte forme en cet endroit.

Les fruits de Malacca sont délicats ; on en trouve de toutes les espèces. Il y a des mosquées pour les Maures, un temple chinois; enfin l'exercice de toutes sortes de cultes y est permis par les Hollandais, qui en sont les maîtres : la seule religion catholique en est bannie, et ses sectateurs sont obligés de s'enfoncer dans les bois pour y célébrer les saints mystères.

De la ville de Macao.

La ville de Macao est bâtie dans une petite péninsule, ou plutôt sur la pointe d'une île qui porte ce nom, à laquelle elle ne tient que par une gorge fort étroite, où l'on a bâti une muraille de séparation. Quand on mouille au dehors, on ne voit de tous côtés que des îles qui font un grand cercle, et l'on ne découvre que deux ou trois forteresses sur des hauteurs, et quelques maisons qui sont à un bout de la ville; on dirait même que les forteresses et les maisons tiennent à une terre fort élevée, qui borne la vue de ce côté; mais entre cette terre, qui fait une île assez grande, et Macao, il y a un beau port, et la ville s'étend par dedans, le long de ce rivage. Les maisons sont bâties à l'européenne, mais un peu basses. Il y a encore ici de la verdure et de l'air des Indes.

Les Chinois sont en plus grand nombre à Macao que les Portugais : ceux-ci sont presque tous métis et nés dans les Indes ou à Macao même. Il s'en faut de beaucoup qu'ils soient riches; aussi les Chinois ne font-ils plus guère cas d'eux. Les fortifications de Macao sont assez bonnes; il y a beaucoup de canons, mais la garnison est mal entretenue, et, comme tout lui vient de Canton, les Chinois sont sans peine les maîtres. Il y a un gouverneur portugais et un mandarin dont tout le pays dépend, et dont le palais est au milieu de la place. Quand il veut quelque chose, c'est aux Portugais d'obéir. On ne peut pas faire plus d'honneur ni plus de caresses que ce mandarin n'en a fait à tous les Français : jamais étrangers n'ont été reçus de cette manière en ce pays-ci; il est vrai que jamais il n'était venu de vaisseau comme le nôtre. Le nom du roi ne perd rien de sa grandeur quand on le prononce à six mille lieues de la France, et il imprime dans les cœurs de la plus fière nation du monde un certain respect qui n'accompagne point le nom des autres princes étrangers.

Le Père Bouvet, missionnaire, résidant à Péking, vint nous joindre. Il était dans une galère presque aussi longue que notre frégate. Il avait toutes les marques de distinction qu'ont coutume d'avoir dans cet empire les envoyés de la cour ; et les Français qui le virent ne furent pas peu surpris de ce qu'on leur avait assuré en France que ce Père n'était rien moins qu'un envoyé de l'empereur de la Chine. Les Jésuites de Macao nous écrivirent une lettre toute pleine de bonté et de charité. Le Père Bouvet alla, avec le Père Régis, voir le Père de Cicéri, évêque de Nanking, et les autres jésuites qui étaient à l'Ile-Verte.

L'Ile-Verte porte ce nom parce qu'elle est très-bien boisée et fort agréable, et que d'ailleurs tous les lieux d'alentour sont nus et comme déserts ; elle est assez proche de la muraille qui sépare la ville de Macao du reste de l'île ; c'est la maison de campagne des jésuites portugais. La chapelle est propre et le corps-de-logis assez bien bâti ; mais l'ombre et la fraîcheur rendent ce lieu fort agréable. L'évêque de Nanking l'avait choisi pour y faire une retraite de quelques jours ; c'est une solitude toute propre pour un homme apostolique qui veut prendre de nouvelles forces pour travailler ensuite avec plus d'ardeur à la conversion des peuples.

Du Tong-King et de l'établissement du christianisme dans ce royaume. — Mœurs de ses habitants. (1700).

Il y a huit ans que je suis dans le Tong-King. C'est un royaume placé entre la Chine et la Cochinchine. Il a été longtemps une de nos plus florissantes missions de l'Orient. Elle fut fondée, en 1627, par deux missionnaires de notre compagnie, sur les travaux desquels Dieu répandit de grandes bénédictions ; car, en moins de trois ans, ils baptisèrent plus de six mille personnes, entre autres trois bonzes qui avaient beaucoup de crédit parmi ces peuples. Les missionnaires ayant été chassés du royaume, au bout de trois ans, par l'effet d'une persécution que les prêtres des idoles suscitèrent contre eux, les trois bonzes prirent un tel soin de la nouvelle chrétienté, qu'à leur retour, qui arriva l'année suivante, ils trouvèrent leur troupeau augmenté de quatre mille néophytes.

Le roi, désabusé sur leur compte, les vit revenir avec joie, et leur accorda la permission de prêcher dans tous ses États, ce qu'ils firent avec tant de succès, que l'on compta dans le Tong-King jusqu'à deux cent mille chrétiens.

Ce progrès de la religion chrétienne alarma les grands du royaume, qui se joignirent aux prêtres des idoles, et, de concert avec eux, se plaignirent au roi des progrès de cette nouvelle religion, et lui remontrèrent avec tant de force le danger qui en résultait pour l'État, qu'il se vit comme obligé de proscrire le christianisme, et de chasser les missionnaires une seconde fois. Depuis cette époque, on a persécuté les chrétiens, et les prédicateurs de l'Évangile ont été obligés de se tenir cachés.

Comme donc on ne souffre point les missionnaires dans le Tong-King, notre premier soin fut de nous cacher, mon compagnon et moi, en y arrivant. Après avoir traversé, avec beaucoup de peines et de dangers, la province de *Tanhhoa*, nous entrâmes dans celles de *Nhéan* et de *Bochoin*, voisines des frontières de la Cochinchine. Nous ne séjournâmes que quatre mois dans ces provinces, pour la consolation des chrétiens qui s'y trouvaient.

Les peuples du *Tong-King* ont de l'esprit, de la politesse et de la docilité. Il n'est pas difficile de les gagner à Jésus-Christ, parce qu'ils ont peu d'attachement pour leurs pagodes, et moins encore d'estime pour les prêtres des faux dieux. Leurs mœurs sont d'ailleurs innocentes, et ils ne connaissent point les vices grossiers auxquels les autres nations de l'Orient se livrent avec fureur. Il n'y a parmi eux que la pluralité des femmes, le droit de répudier celles dont on n'est pas content, et la barbare coutume de faire des eunuques, qui soient des obstacles à l'éta-

blissement de la religion chrétienne. La pluralité des femmes et la coutume de faire des
eunuques ne regardent guère que les personnes de qualité. Il n'en est pas ainsi du
droit que l'on a de répudier sa femme, et
d'en prendre une autre, lorsque la première
est stérile ou d'une humeur fâcheuse. C'est
un usage établi même parmi le peuple, et le
plus grand obstacle que la loi de Jésus-Christ
ait à surmonter.

Quoiqu'il ne soit pas permis de prêcher
ici l'Évangile publiquement, la religion chrétienne ne laisse pas d'y être très-florissante.
La plupart des grands l'estiment, et plusieurs
l'embrasseraient, si la crainte de perdre
leurs charges et leurs biens ne les retenait.
On a la consolation de trouver dans les campagnes et au milieu des bois des bourgades
de mille et de deux mille personnes qui font
toutes profession du christianisme. Je ne
doute point que, si les troubles qui affligent
cette mission venaient à cesser, et qu'il y vînt
autant de missionnaires qu'il serait nécessaire pour la grandeur de l'ouvrage, le chris-

tianisme n'y fût, en peu d'années, la religion dominante (1).

De différents objets de commerce qui ont cours à la Cochinchine, au Tong-King et à Siam.

AVANT d'entrer dans le détail des différents objets de commerce qui ont cours dans ces deux royaumes, il est à propos de raconter en peu de mots la manière dont la Cochinchine fut érigée en royaume.

La Cochinchine n'était encore, vers la fin du seizième siècle, qu'une simple province du royaume de Tong-King. La guerre que l'empereur de la Chine y porta occasionna dans ce pays une révolution dans l'ancien gouvernement. Les conquêtes du monarque chinois furent si rapides, que le roi de Tong-King, ne trouvant plus de moyen d'échapper à ses poursuites, forma la résolution de se

(1) La religion chrétienne a été entièrement proscrite au Tong-King, vers le milieu du dix-huitième siècle, à la suite d'une violente persécution, qui s'éleva en 1737, et dont plusieurs missionnaires furent les victimes; aujourd'hui elle y est tolérée parce que le Tong-King, depuis quelques années, a été réuni à la Cochinchine.

donner la mort; mais, au moment où ce malheureux prince allait s'étrangler, un des seigneurs de sa cour lui représenta qu'il était facile d'arrêter le conquérant, et qu'il se chargeait de l'entreprise. En effet, ce seigneur, s'étant mis à la tête des troupes, balança tellement les forces de l'ennemi, que l'on en vint à un accommodement. La paix fut conclue à condition que les Tong-Kinois enverraient chaque année une embassade à Péking avec un homme d'or, de la hauteur d'une coudée, ayant un genou en terre, la tête baissée, et portant en main une lance le fer en bas. Ce traité rétablit la paix et le calme dans le royaume: mais, après la mort du souverain, il s'éleva des esprits ambitieux qui démembrèrent l'État et le partagèrent : ce qui n'arriva qu'après des guerres longues et cruelles qui firent couler des ruisseaux de sang dans le royaume. Cependant la face des affaires ayant changé, on convint de former deux États indépendants l'un de l'autre, qui seraient gouvernés par un roi particulier. Telle est la véritable époque de l'érection de la Cochinchine en royaume.

Les principales marchandises qui ont cour dans ce royaume, sont le salpêtre, le soufre, le plomb, les toiles fines, les chites carrées, les chites longues à fleurs, etc. Les perles, l'ambre et le corail y étaient autrefois d'un grand débit; présentement, il n'y a que les deux derniers qui soient de vente, encore faut-il que les grains du corail soient bien ronds, bien polis et d'un beau rouge; pour l'ambre, il doit être extrêmement clair, avoir les grains égaux, et n'excéder pas la grosseur d'une noisette ordinaire. Quand aux marchandises que l'on peut tirer de la Cochinchine, les principales sont le poivre, les soies, les sucreries, les bois de calamba et d'ébène, les nids d'oiseaux, l'or en poudre ou en lingots, qui ne se vend que dix fois le poids de l'argent, et enfin le cuivre et la porcelaine, qu'on y transporte de la Chine et du Japon.

L'argent du Japon est le seul qui ait cours dans la Cochinchine : on le reçoit au poids, selon la quantité que les négociants en apportent. La monnaie du pays est de cuivre, ronde, large comme nos jetons ordinaires, et trouée par le milieu, afin de pouvoir l'enfiler en forme de chapelet, trois cents d'un côté et trois cents de l'autre, ce qui fait un mille chez les Cochinchinois, parce qu'en six cents il se rencontre dix fois soixante, ce qui est le siècle de presque tous les Orientaux. Il n'est peut-être pas de pays dans le monde où les marchands se trompent plus facilement les uns les autres; car cette monnaie est composée de pièces égales en matière, et semblables par la figure, et la seule différence qui en règle le prix ne consiste que dans les caractères qu'on y imprime; d'un côté il y a quatre lettres chinoises, et rien de l'autre.

Lorsqu'un vaisseau fait naufrage, il est mieux secouru en Cochinchine que partout ailleurs; on envoie des barques pour sauver l'équipage, on fait plonger et jeter des filets dans la mer, pour en retirer les marchandises; enfin, on n'épargne ni peine ni soins pour radouber le vaisseau.

Depuis que les Hollandais se sont emparés de Batavia, Siam est peut-être le seul endroit dans toute la mer du Sud où nous puissions nous établir pour étendre et affermir notre commerce au Tong-King. Les draps d'Europe se vendent avec beaucoup d'avantage à Siam. On peut pareillement y débiter du corail travaillé, ainsi que l'ambre brut, pourvu qu'il tire sur la couleur du citron; c'est la meilleure espèce pour le pays. Il ne faut parler à Siam, pour le commerce avec le Tong-King, que des écus de France.

On tire de Tong-King des étoffes, du musc et de la soie. Le musc de ce pays est, de l'aveu de tout le monde, le meilleur et le moins altéré qu'il y ait dans l'univers : mais il faut convenir que les soies du Tong-King ne sont pas si bonnes que celles de la Chine, du Bengale, de la Perse et de l'Italie. Cependant les Anglais en tirent de grands profits lorsqu'ils en apportent en Europe.

Climat et productions du Tong-King.

ON compte dans le Tong-King (1) plus de vingt mille villages, tous plus peuplés les uns que les autres; on dirait que le printemps y règne toujours, et l'on n'y sent du froid que lorsque le vent du Nord y souffle avec violence. On n'a jamais vu ici ni glace ni neige; jamais les arbres n'y ont perdu leur verdure, jamais l'air n'y est infecté de vapeurs contagieuses; le ciel y est ordinairement si serein et si pur, que l'on ignore dans ces contrées ce que c'est que la peste. La goutte, la pierre, les fièvres malignes, et mille autres maladies si communes en Europe, sont ici entièrement inconnues. Le riz est la nourriture ordinaire du pays; on en fait même un vin dont la force égale celle de l'eau-de-vie.

(1) Le Tong-King est un royaume d'Asie situé sous la zone torride. Sa longueur est de cinq cents lieues, et sa largeur de deux cents. Les seuls Chinois sont admis aujourd'hui dans l'intérieur du royaume. Les Européens font le commerce dans un port qui leur est désigné. (*Voyez* une note précédente.)

Les meilleurs fruits du Tong-King sont les oranges et une espèce de figues rouges qui feraient honneur aux tables les plus délicates de Paris. J'en ai vu d'une autre sorte qui ressemblent assez à celles de Provence, et pour la forme et pour le goût; mais ce qui m'a paru fort singulier, c'est que ce ne sont pas les branches qui les portent; elles ne naissent qu'au pied de l'arbrisseau, et quelquefois en si grande quantité, que vingt hommes affamés pourraient facilement s'y rassasier. On y trouve aussi beaucoup de citrons, mais ils sont malsains, et les Tong-Kinois ne s'en servent que pour teindre leurs étoffes. On voit ici de grands arbres qui ne portent ni feuilles ni fruits, et ne produisent que des fleurs. Il y en a une autre espèce dont les branches se courbent jusqu'à terre, où elles jettent des racines qui produisent d'autres arbres; les branches de ces derniers se courbent de même, poussent à leur tour de semblables racines, ce qui fait qu'à la longue les arbres occupent un espace de terrain si étendu, que trente mille hommes pourraient à l'aise se reposer à leur ombre.

Les chevaux sont ici d'une rare beauté et en très-grand nombre; on en admire la légèreté, la vivacité et la vigueur; cependant ils sont en général petits et peu propres à l'attelage. Les éléphants n'y sont pas moins communs : on en nourrit plus de cinq cents pour le service du roi.

On ne voit dans ce royaume ni lions ni agneaux; mais on y trouve une quantité prodigieuse de cerfs, d'ours, de tigres et de singes : ces derniers sont remarquables par leur grosseur et leur hardiesse. Il n'est pas rare de les voir, au nombre de plus de deux ou trois mille, entrer comme des ennemis dans les champs des laboureurs, s'y rassasier, se faire ensuite de larges ceintures de paille qu'ils roulent autour de leur corps après les avoir remplies de riz, et s'en retourner chargés de butin, à la vue des paysans, sans que personne ose les attaquer.

Parmi les oiseaux rares et curieux de ce pays, est une espèce de chardonneret dont le chant est si doux et si mélodieux, qu'on lui a donné le nom d'*oiseau céleste*. Ses yeux ont l'éclat du rubis le plus étincelant, son bec est rond et affilé ; un petit cordon d'azur s'étend autour de son cou, et sur sa tête s'élève une petite aigrette de diverses couleurs, qui lui donne une grâce merveilleuse ; ses ailes, lorsqu'il est perché, offrent un mélange admirable de couleurs jaune, bleue et verte ; mais quand il vole elles perdent tout leur éclat. Cet oiseau fait son nid dans les buissons les plus épais, et multiplie son espèce deux fois par an ; il se tient caché pendant les pluies, et, dès que les premiers rayons du soleil viennent à se faire jour à travers les nuages, il sort incontinent de sa retraite, va voltiger sur les haies, et, par un ramage des plus agréables, il annonce aux laboureurs le retour du beau temps, On dit que cet oiseau est ennemi mortel du *hokien*, autre oiseau qui n'habite que les marais : lorsqu'il l'aperçoit, le duvet de son cou se hérisse, ses aîles s'étendent et tremblent, son bec s'ouvre, et il en sort un bruit semblable au sifflement d'un serpent; son attitude est celle d'un oiseau qui va fondre sur sa proie, en un mot, tout son corps annonce une espèce d'épouvante mêlée de fureur; mais, soit qu'il sente l'infériorité de ses forces, soit que la nature l'ait ainsi voulu, il se contente de regarder son ennemi d'un œil fixe et troublé, et ne l'attaque jamais. Le hokien a les ailes, le dos et la queue d'une blancheur éblouissante; sa tête est couverte d'un duvet rougeâtre, et son ventre est ordinairement d'un jaune clair semé de taches grises et noires. Cet oiseau, qui est à peu près de la grosseur d'une caille, ne fait son nid que dans les roseaux, et n'a des petits qu'une fois par an.

Les Tong-Kinois cultivent le cotonnier, le mûrier, le poivrier, l'arbre de vernis, le thé, l'indigo, le safran, et une plante nommée *tsai*, qui, étant mise en fermentation, fournit une fleur de couleur verte, qui donne en teinture un vert d'émeraude très-solide.

Le pays est plein de gibier. La chasse est libre, mais dangereuse, à cause de la grande quantité de tigres, d'éléphants, de rhinocéros et d'autres animaux carnassiers qui peuplent les forêts. Les animaux domestiques que l'on y élève, sont : le cheval, pour les voyages ; le buffle, pour les labours ; le bœuf, le cochon, la chèvre, la poule, l'oie et le canard. Les Tong-Kinois ont peu de bons fruits ; l'ananas et les oranges des différentes sortes sont les meilleurs. Ils ne cultivent pas la vigne, quoiqu'elle soit une production naturelle de leur terre. Ils ne sont pas riches en légumes, et il ne paraît pas qu'ils soient jaloux d'en avoir.

Usages singuliers au Tong-King.

Quand un Tong-Kinois rend visite à un autre, il s'arrête à la porte et donne au portier un cahier de huit à dix pages, dans lequel il a écrit, en gros caractères, son nom, ses titres et le motif de sa visite. Ce cahier est de papier blanc et couvert de papier rouge. Si celui qu'on veut visiter est absent, on laisse et l'on recommande le cahier au portier, et la visite est censée faite et reçue.

Un magistrat, dans les visites qu'il fait, doit être vêtu de la robe de cérémonie qui est affectée à son emploi. Ceux qui n'ont aucune charge publique, mais qui jouissent d'une certaine considération, ont aussi des habits destinés aux visites, et ne peuvent se dispenser de les mettre, sans manquer à la civilité. Celui qui reçoit la visite va recevoir à la porte celui qui la rend; ils joignent tous deux les mains en s'abordant, et se font quantité de politesses muettes. Le maître de la maison invite l'autre à entrer, en lui montrant la porte. S'il y a plusieurs personnes dans la maison, celle qui est la plus distinguée, ou par son âge, ou par sa dignité, occupe la place d'honneur, mais elle la cède toujours à l'étranger. La première place est celle qui se trouve la plus voisine de la porte : ce qui est directement opposé à nos usages. Après que chacun est assis, celui qui visite expose de nouveau le motif de sa visite. Le maître de la maison l'écoute gravement, et s'incline de temps en temps, selon qu'il est marqué dans le cérémonial; ensuite les premiers serviteurs de la maison, vêtus d'un habit de cérémonie, apportent une table triangulaire sur laquelle il y a deux fois autant de tasses de thé qu'il y a de personnes; au milieu se trouvent deux boîtes de béthel, des pipes et du tabac.

Lorsque la visite est finie, le maître de la maison reconduit son hôte jusqu'au milieu de la rue, et là recommencent les révérences, les inclinations, les élévations de mains et les compliments. Enfin, lorsque l'étranger est parti et qu'il est déjà un peu loin, le maître de la maison lui envoie un valet, pour faire un nouveau compliment de sa part; et quelque temps après, celui-ci en envoie un à son tour, pour le remercier : ainsi finit la visite.

Les Tong-Kinois mangent fort souvent ensemble, et c'est pendant leur repas qu'ils traitent ordinairement de leurs affaires. Ils se servent, au lieu de fourchettes, de certains bâtons d'ivoire ou d'ébène, dont les extrémités sont d'or ou d'argent. Ils ne touchent jamais rien avec les doigts; de là vient qu'ils ne se lavent jamais les mains ni avant ni après le repas. On ne peut mieux les comparer, quand ils sont à table, qu'aux musiciens d'un orchestre; il semble qu'ils mangent en cadence et par mesure, et que le mouvement de leurs mains et de leurs mâchoires dépend de quelques règles particulières.

Leurs tables sont nues, sans nappes et sans serviettes; elles sont seulement entourées de longs tapis brodés qui pendent jusqu'à terre. Chacun a sa table, à moins que le grand nombre des convives ne les oblige de s'asseoir deux à la même table. On les sert toutes également et en même temps, et on les couvre de plusieurs petits plats : car les Tong-Kinois préfèrent la variété à une abondance superflue.

De Canton, ville de la Chine et port de mer.

ON commence à voir ce que c'est que la Chine quand on est entré dans la rivière de Canton (1). Ce sont, sur les deux bords, de grandes campagnes de riz, vertes comme de belles prairies, qui s'étendent à perte de vue, et qui sont entrecoupées de petits canaux, de sorte que les barques que l'on voit souvent aller et venir de loin, sans voir l'eau qui les porte, paraissent courir sur l'herbe. Plus loin, dans les terres, on voit les coteaux couronnés d'arbres sur leur sommet, et travaillés à la main le long du vallon comme les terrasses du jardin des Tuileries. Tout cela est mêlé de tant de villages, d'un air champêtre si varié, qu'on ne se lasse point de regarder, et qu'on a regret de passer si vite. Enfin nous eûmes le bonheur d'entrer dans Canton, après huit

______

(1) En 1822 un grand incendie détruisit un nombre infini de maisons et de comptoirs européens, remplis de marchandises, bâtis sur les quais qui bordent la rivière de ce nom. Ce n'est qu'au port de cette ville que peuvent aborder les navires étrangers.

mois de navigation depuis notre départ de France. Nous logeons dans une espèce d'hôtel ou de maison publique, aux frais de l'empereur.

La ville de Canton est plus grande que Paris, et renferme pour le moins autant de monde. Les rues sont étroites et pavées de grandes pierres plates et fort dures; mais il n'y en a pas partout. Les maisons sont très-basses et presque toutes en boutiques. Les plus beaux quartiers ressemblent assez à la foire Saint-Germain. On voit très-peu de femmes dans les rues, et les gens du peuple qui y fourmillent, sont de pauvres gens, chargés tous de quelque fardeau, car il n'y a point d'autre commodité pour transporter ce qui se vend et ce qui s'achète, que les épaules des hommes. Ces porte-faix vont presque tous la tête et les pieds nus; il en est qui ont un vaste chapeau de paille, d'une forme bizarre, pour se défendre de la pluie et du soleil.

On rencontre pourtant à Canton des places et des arcs-de-triomphe assez magnifiques, à la manière du pays. Il y a un grand nombre de portes, quand on vient de la campagne et qu'on veut passer de l'ancienne ville dans la nouvelle. Ce qui est singulier, c'est qu'il y a des portes à l'extrémité de toutes les rues, qui se ferment un peu plus tard que les portes de la ville ; ainsi il faut que chacun se retire dans son quartier sitôt que le jour commence à manquer. Cette police remédie à beaucoup d'inconvénients, et fait que pendant la nuit tout est aussi tranquille dans les plus grandes villes, que s'il n'y avait qu'une seule famille.

La demeure des mandarins a je ne sais quoi qui surprend. Il faut traverser un grand nombre de cours avant d'arriver au lieu où ils donnent audience, et où ils reçoivent leurs amis. Quand ils sortent, leur train est majestueux. Un mandarin, par exemple, qui a l'intendance de deux provinces, ne marche jamais sans avoir une escorte de cent hommes au moins. Cette suite n'a rien d'embarrassant, parce que chacun sait son poste. Le mandarin est au milieu de tout ce cortége, élevé sur une chaise fort grande et bien dorée, que six ou huit hommes portent sur leurs épaules. Cette marche occupe souvent toute la longueur d'une rue. Le peuple se range des deux côtés, et s'arrête par respect jusqu'à ce que tout soit passé.

Les bonzes sont ici en fort grand nombre; ils ont de longues robes qui leur descendent jusqu'aux talons, avec de vastes manches qui ressemblent entièrement à celles des religieux d'Europe. Ils demeurent ensemble dans des pagodes, comme dans des couvents, vont à la quête dans les rues, se lèvent la nuit pour adorer leurs idoles, chantent à plusieurs chœurs, d'un ton qui approche assez de notre psalmodie : cependant ils sont fort méprisés des honnêtes gens, parce qu'ils sont, pour la plupart, perdus de débauche.

J'oubliais de dire qu'il y a une espèce de ville flottante sur la rivière de Canton; les barques se touchent et forment des rues. Chaque barque loge toute une famille, et a, comme les maisons régulières, des com-

partiments pour tous les usages du ménage.
Le petit peuple, qui habite ces casernes
mouvantes, décampe dès le matin pour aller
pêcher ou travailler au riz, qu'on sème et
qu'on recueille ici trois fois l'année.

*De quel caractère doivent être les missionnaires de
la Chine (1701).*

Il faut pour les missions de la Chine des
hommes déterminés à se gêner en tout, et à
se faire des hommes tout nouveaux, non-
seulement par le changement de climat,
d'habillement et de nourriture, mais plus
encore par des manières entièrement oppo-
sées aux mœurs et au caractère de la nation
française; qui n'a pas ce talent, ou ne veut
pas s'appliquer à l'acquérir, ne doit guère
penser à venir à la Chine. Il n'y faut point
de gens qui se laissent dominer par leur naturel : une humeur trop vive ferait ici
d'étranges ravages. Le génie du pays demande que l'on soit maître de ses passions,
et surtout d'une certaine activité turbulente
qui veut tout faire et tout emporter d'assaut.

Les Chinois ne sont pas capables d'écouter en un mois ce qu'un Français est capable de leur dire en une heure. Il faut souffrir, sans prendre feu et sans s'impatienter, cette lenteur et cette indolence naturelles; traiter, sans se décourager, de la religion avec une nation qui ne craint que l'empereur, qui n'aime que l'argent, insensible par conséquent et indifférente à l'excès pour tout ce qui regarde l'éternité. Vous êtes désolé à chaque moment, si vous n'avez une douceur, une modération, et une patience à toute épreuve.

La difficulté de la langue et des caractères demande, avec tout cela, que l'on aime l'étude, quoique cette étude n'ait rien d'agréable et d'engageant que l'espérance de s'en servir un jour avec succès pour la gloire de Dieu. Comme en cette matière il y a toujours à apprendre, il y a aussi toujours à étudier, et il faut s'accoutumer à passer continuellement de l'action à l'étude, et de l'étude aux fonctions du dehors. On sait encore que les Chinois se piquent d'être le peuple le plus civilisé et le plus poli qui soit au monde ; mais on ne conçoit pas ce qu'il en coûte pour se rendre civil et poli selon leur goût. Le cérémonial de ce pays-ci est le plus gênant et le plus embarrassant qu'on puisse imaginer pour un Français ; c'est une affaire que de l'apprendre, et c'en est une autre que de l'observer. Les sciences d'Europe, à proportion qu'on y excelle, disposent particulièrement les grands à passer par-dessus le souverain mépris qu'ils ont pour tout ce qui vient des étrangers. Je ne parle point des vertus chrétiennes et religieuses, sans lesquelles, ici non plus qu'ailleurs, on ne peut ni se conserver soi-même, ni rien faire de grand pour la conversion des âmes.

Obstacles à la conversion des dames chinoises.

Voici quelques coutumes relatives aux dames de la Chine, qui semblent mettre un obstacle insurmontable à leur conversion. Elles ne sortent jamais de la maison, et ne reçoivent aucune visite des hommes. C'est

une maxime fondamentale dans tout l'empire, qu'une femme ne doit jamais paraître
en public, ni se mêler des affaires du
dehors : aussi, pour les mettre dans la nécessité d'observer cette maxime, leur a-t-on
persuadé que la beauté consiste, non pas
dans les traits du visage, mais dans la peti-
tesse des pieds; en sorte que leur premier
soin est de s'ôter à elles-mêmes le pouvoir
de marcher : un enfant d'un mois a le pied
plus grand qu'une dame de quarante ans.

Il arrive de là que les missionnaires ne
peuvent instruire les dames chinoises ni
par eux-mêmes ni par leurs catéchistes; il
faut qu'ils commencent par convertir le
mari, afin que le mari lui-même instruise
sa femme, ou qu'il permette à quelque
bonne chrétienne de venir dans son appartement lui expriquer les mystères de la religion.

D'ailleurs, quoiqu'elles soient converties,
elles ne peuvent se trouver à l'église avec
les hommes : tout ce qu'on a pu obtenir
jusqu'ici, c'est de les assembler six ou sept

fois l'année, ou dans une église particulière, ou dans la maison de quelque chrétien, pour les faire participer aux sacrements : c'est dans ces assemblées que l'on confère le baptême à celles qui y sont disposées.

Il faut ajouter à ce que je viens de dire, que les dames chinoises ne parlent que le jargon de leur province : ainsi elles ont bien de la peine à se faire entendre des mission-naires, dont quelques-uns ne savent que la langue mandarine. On tâche, autant qu'on le peut, de remédier à cet inconvénient. Je me souviens d'un expédient que trouva la femme d'un mandarin, peu de jours après mon arrivée à *Soutcheou-Fou*. Comme elle ne pouvait être entendue du missionnaire, à qui elle voulait se confesser, elle fit venir son fils aîné, et lui découvrit ses péchés, afin qu'il en fît le détail au confesseur, et qu'il lui rendît ensuite les avis et les in-structions qu'il en aurait reçus. Trouverait-on en Europe un pareil exemple de simpli-cité et de ferveur ?

*Missionnaires présentés à l'empereur de la Chine. —
De la ville de Péking, capitale de cet empire (1703).*

Nous arrivâmes à Péking le 7 février 1688. Toute la cour était alors en deuil, à cause de la mort de l'impératrice, aïeule de l'empereur. Lorsque le temps de ce deuil fut expiré, ce prince envoya demander nos noms, et s'informa de nos talents et de notre capacité. La paix dont jouissait alors son empire, par ses soins, depuis les deux derniers voyages qu'il avait faits en Tatarie, nous donna occasion de répondre, entre autres choses, que l'on admirait en France son esprit et sa conduite, et que l'on y estimait extrêmement sa valeur et sa magnificence. Il s'informa de l'âge du Roi, des guerres qu'il avait soutenues et de la manière dont il gouvernait ses états. L'officier qui parlait de l'empereur nous dit que, quoique son maître ne nous connût pas encore, il avait déjà néanmoins pour nous la même bienveillance que pour les autres Pères ; qu'il regardait le courage avec lequel nous avions quitté nos

parents et notre patrie, pour venir à l'extrémité du monde prêcher l'Évangile, comme
une preuve sensible de la vérité de notre
religion. Le prince n'en demeura pas là, il
nous fit l'honneur un jour de nous envoyer
de son thé et du meilleur vin de sa table.

C'était au tribunal des rites à nous présenter à l'empereur, parce que c'était ce tribunal qui avait reçu l'ordre de nous faire
venir à la cour. Nous vîmes donc ce redou-
table tribunal, où, quelques années auparavant, tous les missionnaires avaient paru
chargés de chaînes. Il n'avait rien de grand
ni de magnifique pour le lieu. Les mandarins, assis sur une estrade, nous reçurent
avec honneur, et nous parlèrent après nous
avoir fait asseoir. Le premier président,
qui était un Tatare, ayant reçu les ordres
de l'empereur, nous dit que ce prince
souhaitait nous voir le lendemain, et que
le supérieur de notre maison nous présen-
terait.

Ce fut donc le 21 mars 1688 que nous eûmes l'honneur de saluer l'empereur. Ce

grand prince nous témoigna beaucoup de bonté, et, après nous avoir fait un reproche obligeant de ce que nous ne voulions pas tous demeurer à sa cour, il nous déclara qu'il retenait à son service les Pères Gerbillon et Bouvet, et qu'il permettait aux autres d'aller dans les provinces prêcher notre sainte religion ; il nous fit ensuite servir du thé et nous envoya cent pistoles : ce qui parut aux Chinois une gratification extraordinaire. Après cette visite, nous ne songeâmes plus qu'à nous rendre dans les provinces, pour y travailler à la conversion des infidèles. Mais, avant de quiter Péking, nous fûmes bien aises de voir ce qu'il y a de plus curieux dans cette ville si fameuse.

Péking est composé de deux villes. La première, au milieu de laquelle est le palais de l'empereur, s'appelle la ville des Tatares, et la seconde, la ville des Chinois. Elles sont jointes l'une à l'autre, et ont chacune quatre lieues de tour. Il y a une si grande multitude de peuple et tant d'embarras, que l'on a peine à marcher dans les rues, quoiqu'elles soient très-larges et que les femmes n'y paraissent point.

Nous allâmes voir la fameuse cloche de Péking, qui pèse cent milliers, si ce que l'on nous dit est vrai. La forme en est cylindrique, et elle a dix pieds de diamètre. Sa hauteur contient une fois et demie sa largeur, selon les proportions ordinaires de la Chine. Elle est élevée sur un massif de briques et de pierres de figure carrée, et couverte seulement d'un toit de nattes, depuis que celui de bois a été brûlé.

Nous vîmes aussi l'observatoire et tous les instruments de bronze, qui sont beaux et dignes de la magnificence de l'empereur ; mais je ne sais s'ils sont assez justes pour faire des observations exactes, parce qu'ils sont à pinnules, que les divisions en paraissent inégales à l'œil, et que les lignes transversales ne se joignent pas en plusieurs endroits.

Les portes de la ville ont quelque chose de plus grand et de plus magnifique que les nôtres ; elles sont extrêmement élevées, et enferment une grande cour carrée, environnée de murailles, sur lesquelles on a bâti de beaux salons, tant du côté de la campagne que du côté de la ville. Les murailles de Péking sont de briques, hautes d'environ quarante pieds, flanquées, de vingt en vingt toises, de tours carrées fort bien entretenues. Il y a de grandes rampes en quelques endroits, afin que la cavalerie puisse y monter.

Après seize jours de marche nous arrivâmes, le 14 avril 1688, à Kiam-Tchéou, ville du second ordre, dans la province de Chansi. La route depuis Péking jusqu'à cette province est une des plus agréables que j'aie vues. On passe par neuf ou dix villes, entre autres par celle de Paotim-Fou, qui est le séjour du vice-roi. Tout le pays est plat et cultivé, le chemin uni, et en plusieurs endroits bordé d'arbres, avec des murailles, pour couvrir et garantir les campagnes. C'est un passage continuel d'hommes, de charrettes et de bêtes de charge. Dans l'espace d'une lieue on rencontre deux ou trois villages, sans compter ceux que l'on voit des deux côtés, à perte de vue, dans la campagne. Il y a sur les rivières de beaux ponts à plusieurs arches. Le plus considérable se trouve à trois lieues de Péking; les garde-fous en sont de marbre : on compte de chaque côté cent quarante-huit poteaux, qui supportent des lionceaux en différentes attitudes; et aux extrémités on voit quatre éléphants accroupis.

Après que l'on a passé la rivière de Fuenho, qui est à l'orient de la ville de Kiam-Tchéou, on trouve pendant six lieues un pays plat, couvert d'arbres et fort bien cultivé, avec un grand nombre de villages de tous côtés, et terminé à l'horizon par une chaîne de hautes montagnes. On passe par deux villes du troisième ordre et l'on entre ensuite dans des montagnes où, en cinq jours de marche, je fis quarante lieues. Je montai presque toujours, et souvent avec peine. Ces montagnes, dans l'endroit où je les ai traversées, étaient quelquefois stériles; mais le plus souvent elles étaient de bonne

terre et cultivées jusqu'au bord des préci-
pices. On y trouve quelquefois des plaines
de trois ou quatre lieues, environnées de
collines et d'autres montagnes; de sorte que
l'on croirait être dans un bon pays. J'ai vu
quelques-unes de ces montagnes coupées en
terrasses depuis le bas jusqu'au sommet.
Quand les montagnes sont pierreuses, les
Chinois en détachent des pierres et en font
de petites murailles pour soutenir les terrasses; ils aplanissent ensuite la bonne terre
et y sèment du grain. C'est une entreprise
infinie, qui fait voir combien ce peuple est
laborieux. Je n'ai vu qu'une ville du troisième ordre dans ces montagnes; mais
partout j'ai trouvé beaucoup de villages et
de hameaux. J'y ai vu de la faïence comme
la nôtre : on y fabrique en plusieurs endroits de la poterie, qui se transporte dans
les villes et dans les provinces voisines.
Je me trouvai un jour dans un chemin
étroit et profond, où il se fit en peu de
temps un grand embarras de charrettes. J'ai
cru qu'on allait s'emporter, s'entredire des

injures et peut-être se battre, comme cela arrive souvent en Europe; mais je fus bien surpris de voir des gens qui se saluaient et se parlaient avec douceur, comme s'ils se fussent connus et aimés, et qui ensuite s'entr'aidaient mutuellement à se débarrasser.

Lorsqu'on parvient à la fin de ces montagnes, dont la descente est fort rude, quoique taillée dans le roc, on découvre la province de Honam et le Hoam-Ho, c'est-à-dire le *fleuve jaune*, qui serpente fort loin dans la plaine. Je fis quatre-vingts lieues dans cette province, en marchant toujours dans un pays plat, mais si bien cultivé qu'il n'y avait pas un pouce de terre perdu. Je ne passai que par sept villes, mais je découvris de tous côtés, soit dans le chemin, soit dans les campagnes, un si grand nombre de bourgs et de villages, que je crois que le Honam est une des plus belles provinces de la Chine.

De la province et de la ville de Nanking. — Voyage
de l'empereur de la Chine.

De la province de Honam, on entre dans celle de Nanking, où l'on marche pendant environ soixante lieues avant d'arriver à la capitale. Cette dernière province n'est ni si belle ni si peuplée de ce côté-là que du côté du midi. Après avoir traversé quatre villes, je vins à Pou-Kéou, petite place entourée de bonnes murailles, et située sur le Kiam. Ce grand fleuve, qui traverse toute la Chine d'occident en orient, et qui la sépare en deux parties à peu près égales, dont l'une renferme les provinces du nord, et l'autre celles du sud, porte l'abondance partout, par la facilité qu'il offre à la navigation en tout temps, et pour toutes sortes de barques. Ce fleuve a près d'une lieue de largeur devant Pou-Kéou, et en plusieurs endroits plus de deux cents pieds de profondeur.

La ville de Nanking n'est pas sur le Kiam, mais à deux ou trois lieues dans les terres;

on peut s'y rendre par plusieurs canaux qui sont couverts de bateaux, parmi lesquels il y a un grand nombre de barques impériales qui ne le cèdent point aux vaisseaux pour la grandeur : elles sont très-propres, vernissées en dehors, et dorées en dedans; elles renferment des salles et des chambres très-bien meublées, pour les mandarins qui viennent à la cour, ou qui sont obligés de faire quelques voyages dans les provinces.

Au reste, Nanking ne s'appelle plus de ce nom, qui signifie en chinois *la cour du sud*, comme Péking signifie *la cour du nord*. Quand les six grands tribunaux de l'empire se partageaient entre ces deux villes, on les appelait *cours*; mais présentement qu'il sont tous réunis à Péking, l'empereur a donné le nom de Kiam-Nim à la ville de Nanking. On ne laisse pas cependant de l'appeler de son ancien nom dans le discours, mais on ne le souffrirait pas dans les actes publics.

J'arrivai à Nanking, le 34 mai 4688, et j'y demeurai plus de deux ans. Durant ce temps-là, j'allai voir la fameuse chrétienté de Cham-Haï. Elle est proche de la mer orientale, à huit journées de Nanking, quoiqu'elle soit de la même province. Cette florissante Église doit son commencement à un savant Chinois, qui, par sa conversion , attira une infinité de gens au christianisme.

Au commencement de l'année 1689, l'empereur fit un voyage dans les provinces du midi. La veille de son arrivée à Nanking, nous allâmes , le Père Gabiani et moi , à deux lieues de la ville, sur la route qu'il devait tenir; nous passâmes la nuit dans un village où il y avait soixante chrétiens de la même famille. Le lendemain, nous vîmes passer l'empereur, qui eut la bonté de s'arrêter, et de nous parler de la manière du monde la plus obligeante. Il était à cheval, suivi de ses gardes-du-corps et de deux à trois mille cavaliers. La ville le vint recevoir avec des étendards, des drapeaux de soie, des dais, des parasols et d'autres ornements sans nombre. De vingt pas en vingt pas, on avait élevé dans les rues des arcs-de-triomphe, revêtus de brocards et ornés de festons, de rubans, de houppes de soie, sous lesquels il passait. Il y avait dans les rues un peuple infini, mais dans un si grand respect et dans un silence si profond, que l'on n'entendait pas le moindre bruit. L'empereur avait résolu de partir dès le lendemain. Tous les mandarins l'ayant supplié de demeurer quelques jours, il ne voulut pas les écouter; mais le peuple étant ensuite venu demander la même grâce, l'empereur la lui accorda, et demeura trois jours à Nanking.

Pendant son séjour dans cette ville, nous allâmes tous les jours au palais, et il nous fit l'honneur d'envoyer aussi tous les jours chez nous un ou deux gentilshommes de sa chambre. Il me fit demander si l'on voyait à Nanking le *Canopus;* c'est une belle étoile du sud que les Chinois appellent *Lao-gin-Sing,* l'étoile des vieillards ou des gens qui vivent longtemps. Comme je lui répondis qu'elle paraissait au commencement de la nuit, il se rendit un soir à l'ancien observatoire, uniquement pour la voir.

Ces bontés de l'empereur nous firent beau-

coup d'honneur, parce qu'il nous les témoi-
gnait à la vue de toute la cour et des premiers mandarins (1) des provinces voisines,
qui s'en retournaient ensuite dans leurs gouvernements, prévenus en faveur de notre
sainte loi et des missionnaires qui la prêchent. Il partit de Nanking le 22 mars, pour
s'en retourner à Péking. Comme notre devoir nous obligeait de l'accompagner pendant quelques jours, nous fîmes environ
trente lieues à sa suite, après quoi nous l'at-
tendîmes au bord d'une rivière. Il nous
aperçut et eut la bonté de faire approcher
notre canot, que sa barque remorqua pendant
plus de deux lieues. Il était assis sur une estrade : il lut d'abord notre *cheou-puen*, c'est-
à-dire le remercîment que nous lui faisions
par écrit selon la coutume de la Chine. Ce
remercîment était écrit en caractères fort
petits. C'est ainsi que les inférieurs en usent

(1) Les mandarins, en Chine, sont de grands officiers,
des gouverneurs de province, des présidents des tribunaux, des chefs du palais impérial : il y en a de différents ordres.

à la Chine à l'égard de leurs supérieurs : plus la dignité des supérieurs est élevée, plus les caractères dont leurs inférieurs se servent pour leur écrire doivent être menus et déliés.

Ce grand monarque nous traita dans cette dernière visite avec beaucoup de familiarité ; il nous demanda comment nous avions passé le Kiam, et s'il trouverait sur la route quelques-unes de nos églises. Il nous montra lui-même les livres qu'il avait avec lui, et donna en notre présence divers ordres aux mandarins qu'il avait appelés. Après avoir fait mettre dans notre canot, du pain de sa table et quantité d'autres provisions, il nous renvoya comblés d'honneur.

Manière de vivre et de se vêtir que doivent adopter les missionnaires de la Chine.

Nos premiers missionnaires, au commencement qu'ils vinrent à la Chine, avaient assez envie d'y porter, comme dans nos autres missions, des habits pauvres et qui marquassent leur détachement du monde.

L'illustre Grégoire Lopez, évêque de Basilée, entre autres, m'a souvent dit que le Père Mathieu Ricci, fondateur de cette mission, vécut ainsi pendant les premières années, et qu'il demeura sept ans avec les bonzes, portant un habit peu différent du leur, et vivant très-pauvrement. Les bonzes l'aimaient tous à cause de sa douceur et de sa modestie; ils honoraient sa vertu. Il apprit d'eux la langue et les caractères chinois, mais, durant ce temps-là, il ne convertit presque personne. Les sciences d'Europe étant alors nouvelles à la Chine, quelques mandarins eurent, avec le temps, la curiosité de le voir. Il leur plut, parce qu'il avait un air respectueux et insinuant : quelques-uns, satisfaits de sa capacité, le prirent en affection, et commencèrent à lui parler plus souvent. Ayant appris de lui, dans la conversation, le grand motif de sa venue, qui était de prêcher à la Chine la loi de Dieu, dont il leur expliqua les principales vérités, ils louèrent son dessein : mais ce furent eux qui lui conseillèrent de changer de manière.

« Dans l'état où vous êtes, lui disaient-ils, peu de gens vous écouteront; on ne vous souffrira pas même longtemps à la Chine. Puisque vous êtes savant, vivez comme nos savants; alors vous pourrez parler à tout le monde. Les mandarins, accoutumés à considérer les gens de lettres, vous considéreront aussi; ils recevront vos visites; le peuple, vous voyant honoré par eux, vous respectera, et écoutera vos instructions avec joie. »

Le Père Ricci, qui avait déjà éprouvé que tout ce qu'ils disaient était vrai, après avoir prié Dieu et consulté ses supérieurs, suivit le conseil des mandarins.

Cinquante ans après, lorsque nos missionnaires avaient déjà formé une chrétienté nombreuse, les religieux de Saint-François et de Saint-Dominique passèrent des Philippines à la Chine : mais, soit qu'ils ne sussent pas le chemin que nous avions pris, ou qu'ils crussent mieux faire en portant leur habit de religion, ils allèrent ainsi, le crucifix à la main, prêcher la foi dans les rues. Ils eurent le mérite de souffrir beaucoup, d'être battus, emprisonnés, et renvoyés dans leur pays; mais ils n'eurent pas la consolation de faire le bien qu'ils avaient espéré. Ils l'éprouvèrent si souvent, et toujours au préjudice de leur principal dessein, que d'un avis commun, et par des ordres réitérés de leurs supérieurs généraux, ils se déterminèrent enfin à s'habiller et à vivre comme nous.

Il n'y a que deux ans que nous avons encore vu trois ou quatre religieux, arrivés d'Italie, qui voulaient revenir à ces premières manières, et porter leur habit pauvre et grossier, comme ils font en Europe. Leurs confrères furent les premiers à s'opposer à cette résolution. L'évêque de Péking, religieux de leur ordre, les fit changer deux ans après, et les mit sur le pied des autres missionnaires.

L'état des gens de lettres est donc celui que les missionnaires doivent prendre quand ils viennent à la Chine, et l'on ne saurait en disconvenir après tant d'expériences. Si les Chinois nous regardent véritablement comme des gens de lettres et des docteurs d'Europe, noms honorables et qui conviennent à notre profession, et que nous prenions cet état, il faut par nécessité que nous en gardions toutes les bienséances, que nous ayons des habits de soie, et que nous nous servions de chaises comme eux, lorsque nous sortons de la maison pour aller en visite.

Quand même nous n'aurions pas cette raison particulière, il faudrait en user ainsi, pour se conformer à la coutume générale du pays; car les gens du commun portent tous des habits de soie, et vont en chaise quand ils veulent faire des visites. Cela ne passe point pour grandeur ni pour vanité parmi eux, mais pour marque d'honneur à l'égard des personnes que l'on visite, et qu'on n'est pas dans l'indigence, ni d'une condition méprisable. En Europe, l'usage de la soie ne devrait être que pour les grands et pour des riches : ce sont ordinairement des habits de prix; il ne faut pas s'étonner s'ils ne conviennent pas à la pauvreté religieuse : mais les gens du commun et les valets même,

Construction d'une Église dans l'enceinte du
Palais de l'Empereur de la Chine. *Pag. 91.*

pour la plupart, mettent des habits de soie à la Chine. C'est sur ces idées, et non sur celles que nous avons en France, qu'il faut se régler, et que les personnes de piété doivent examiner nos missionnaires, de peur de croire qu'ils s'amollissent dans un pays où ils sont venus par le seul désir de vivre dans une grande perfection, et de souffrir beaucoup en travaillant pour étendre le règne de l'Évangile.

Construction d'une église dans l'enceinte du palais de l'empereur de la Chine (1704).

CE fut au mois de janvier 1699, que l'empereur accorda au Père Gerbillon la permission de bâtir une église dans un grand emplacement qu'il nous avait donné dans l'enceinte de son palais. Quelque temps après, ce prince fit demander à tous les missionnaires de la cour s'ils ne voulaient pas contribuer à la construction de cet édifice, comme à une bonne œuvre à laquelle il voulait aussi prendre part. Ensuite il fit distribuer à chacun cinquante écus d'or, donnant à entendre qu'il voulait que cette somme y fût employée. Il fournit encore une partie des matériaux, et nomma des mandarins pour présider aux ouvrages. On n'avait que deux mille huit cents livres quand on creusa les fondements; on comptait pour le reste sur les fonds de la Providence; et, par sa bonté infinie, elle ne nous a pas manqué.

Quatre années entières ont été employées à bâtir et à orner cette église, une des plus belles et des plus régulières de tout l'Orient. Je ne prétends pas ici en faire une description exacte; il me suffit d'en donner une légère idée.

On entre d'abord dans une cour large de quarante pieds sur cinquante de long; elle est entre deux corps de logis bien proportionnés; ce sont deux grandes salles à la chinoise : l'une sert aux congrégations et aux instructions des catéchumènes; l'autre sert aux personnes qui nous rendent visite. On a exposé dans cette dernière le portrait du roi, de Monseigneur, des princes de France, du roi d'Espagne régnant, du roi d'Angleterre, et de plusieurs autres princes, avec des instruments de mathématiques et de musique. On y fait voir encore toutes les belles gravures que l'on a mises au jour, pour faire connaître à tout le monde la magnificence de la cour de France. Les Chinois considèrent tout cela avec une extrême curiosité.

C'est au bout de cette cour que l'église est bâtie. Elle a soixante-quinze pieds de longueur, trente-trois de largeur, et trente de hauteur. L'intérieur en est composé de deux ordres d'architecture. Chaque ordre a seize demi-colonnes couvertes d'un vernis vert : les piédestaux de l'ordre inférieur sont de marbre; ceux de l'ordre supérieur sont dorés, aussi bien que les chapiteaux, les filets de la corniche, ceux de la frise et de l'architrave. La frise paraît chargée d'ornements qui ne sont que peints. Les autres membres du couronnement sont vernissés avec des teintes en gradation, selon leurs différentes saillies. L'ordre supérieur est percé de douze grandes fenêtres en forme d'arcs, six de chaque côté, qui éclairent parfaitement l'église.

Le plafond est tout à fait peint : il est divisé en trois parties ; le milieu représente un dôme tout ouvert, d'une riche architecture : ce sont des colonnes de marbre qui supportent un rang d'arcades surmonté d'une belle balustrade. Les colonnes sont elles-mêmes enchâssées dans une autre balustrade d'un beau dessin, avec des vases à fleurs fort bien placés : on voit au-dessus le Père éternel assis dans les nues sur un groupe d'anges, et tenant le monde en sa main.

Nous avons beau dire aux Chinois que cela est peint sur un plan uni, ils ne peuvent se persuader que ces colonnes ne soient pas droites, comme elles le paraissent. Il est vrai que les jours y sont si bien ménagés à travers les arcades et les balustres, qu'il est aisé de s'y tromper. Cette pièce est de la main de M. Ghérardini, peintre italien.

Aux deux côtés du dôme sont deux ovales dont les peintures sont très-riantes. Le retable est peint de même que le plafond, et ses côtés sont une continuation de l'architecture de l'église en perspective. C'est un plaisir de voir les Chinois s'avancer pour visiter cette partie de l'église qu'ils disent être derrière l'autel. Quand ils y sont arrivés, ils s'arrêtent, ils reculent un peu, ils reviennent sur leurs pas, ils y appliquent les mains, pour découvrir si véritablement il n'y a ni élévations ni enfoncements.

L'autel a une juste proportion : quand il est orné des riches présents de la libéralité de Sa Majesté, il paraît un autel érigé par un grand roi au seul Maître des rois.

Ce ne fut que vers la fin de l'année 1704 que cette église put s'ouvrir. On choisit un dimanche pour la cérémonie. Le Père Grimaldi, visiteur de la Compagnie dans cette partie de l'Orient, accompagné de plusieurs autres missionnaires de différentes nations, vint la bénir solennellement. Douze catéchistes en surplis portaient la croix, les chandeliers, l'encensoir, etc.; deux prêtres avec l'étole et le surplis marchaient à côté de l'officiant; les autres missionnaires suivaient deux à deux; ensuite venaient en foule les fidèles que la dévotion avait attirés.

La bénédiction achevée, tout le monde se prosterna devant l'autel : les Pères, rangés dans le sanctuaire, et tous les chrétiens dans la nef, frappèrent plusieurs fois la terre du front. La messe fut ensuite célébrée, avec diacre et sous-diacre, par le Père Gerbillon, qu'on peut regarder comme le fondateur de cette nouvelle église. Un grand nombre de fidèles y communièrent : on pria pour le roi très-chrétien, et le Père Grimaldi fit à la fin de la messe un discours fort touchant. Enfin la fête se termina par le baptême d'un grand nombre de catéchumènes.

La messe se célébra la nuit de Noël avec la même solennité et avec le même concours de fidèles. Si les instruments chinois, qui avaient je ne sais quoi de champêtre, ne m'avaient fait ressouvenir que j'étais dans une mission étrangère, j'aurais cru me trouver dans le cœur de la France, où la religion jouit d'une entière liberté.

Exemple de vertu donné par un chrétien chinois.

Un barbier qui était chrétien, allant par les rues de Péking, selon la coutume du pays, avec un instrument de cordes nouées qui font du bruit en s'entre-choquant, pour avertir ceux qui veulent se faire raser, trouva une bourse où il y avait vingt pièces d'or. Il regarde autour de lui si personne ne la réclame, et jugeant qu'elle pouvait appartenir à un cavalier qui marchait quelques pas devant lui, il court, l'appelle et le joint. N'avez-vous rien perdu? lui demande-t-il. Le cavalier fouille dans sa poche, et n'y trouvant plus de bourse : J'ai perdu, répondit-il tout interdit, vingt pièces d'or dans une bourse. N'en soyez point en peine, répondit le barbier, la voici, rien n'y manque. Le cavalier la prit, et, s'étant un peu remis de sa peur, il admira une si belle action dans un homme de la lie du peuple. Qui êtes-vous? demanda le cavalier; comment vous appelez-vous? d'où êtes-vous? Il importe peu, répond le barbier, que vous sachiez qui je suis, comment je m'appelle et d'où je suis ; il suffit de vous dire que je suis chrétien, et un de ceux qui font profession de la sainte loi. Elle défend non-seulement de voler ce qui se cache dans la maison ; mais encore de retenir ce que l'on trouve par hasard, quand on peut savoir à qui cela appartient. Le cavalier fut si touché de la pureté de cette morale, qu'il se rendit sur-le-champ à l'église des chrétiens pour se faire instruire des mystères de la religion. Un des Pères qui sont à la cour raconta à l'empereur cette histoire dans toutes ses circonstances, et en prit occasion de faire sentir à ce prince la sainteté de la loi chrétienne.

De la ville de King-te-Tching, où se fabrique toute la porcelaine de la Chine (1712).

C'EST le bourg de King-te-Tching qui a l'avantage de donner de la porcelaine à toutes les parties du monde, même au Japon, qui en vient acheter à la Chine. Il ne lui manque qu'une enceinte de murailles pour avoir le nom de ville, et pour être comparé aux villes même de la Chine les plus vastes et les plus peuplées. On y compte dix-huit mille familles. Il y a de gros marchands dont le logement occupe un vaste espace, et contient une multitude prodigieuse d'ouvriers. Aussi l'on dit communément qu'il y a plus d'un million d'habitants, et qu'il s'y consomme chaque jour plus de dix mille charges de riz, et plus de mille cochons. Au reste, King-te-Tching a une grande lieue de longueur, sur les bords d'une belle rivière : les rues en sont tirées au cordeau ; elles se coupent et se croisent à certaine distance ; tout le terrain y est occupé : les maisons n'y sont même que trop serrées et les rues trop étroites : en les traversant, on croit être au milieu d'une foire : on entend de tous côtés les cris des portefaix qui se font faire passage. On y voit un grand nombre de temples d'idoles qui ont été bâtis à peu de frais. Quoique les vivres soient fort chers à King-te-Tching, ce bourg est le refuge d'une infinité de pauvres familles qui ne trouvent point à subsister dans les villes des environs, parce que les jeunes gens et les personnes les moins robustes y trouvent aisément de l'emploi. Il n'y a pas même jusqu'aux aveugles et aux estropiés qui n'y gagnent leur vie à broyer les couleurs.

On compte plus de trois mille fourneaux à porcelaine dans le bourg de King-te-Tching. Il n'est pas rare d'y voir des incendies, et il y a peu de temps qu'il y eut huit cents maisons de brûlées. Elles ont dû être bientôt rétablies, à en juger par la multitude de charpentiers et de maçons qui travaillent dans le quartier.

King-te-Tching est situé dans une plaine environnée de hautes montagnes, d'où sortent deux rivières qui se réunissent. L'une est assez petite, mais l'autre est fort grande, et forme un beau port de près d'une lieue, dans un vaste bassin où elle perd beaucoup de sa rapidité. On voit quelquefois dans ce vaste espace jusqu'à deux ou trois rangs de barques à la suite les unes des autres : tel est le spectacle qui se présente à la vue lorsqu'on entre par une des gorges dans le port. Des tourbillons de flamme et de fumée, qui s'élèvent en différents endroits, font d'abord remarquer l'étendue, la profondeur et les contours de King-te-Tching. A l'entrée de la nuit, on croit voir une vaste ville toute en feu, ou bien une grande fournaise à plusieurs soupiraux.

Des productions de la Chine (1714).

La Chine est fertile en toutes sortes de grains. Elle produit du froment, de l'orge, du millet, du seigle et du riz, qui est la nourriture la plus ordinaire des Chinois. Les légumes y sont si communs, qu'on les donne aux troupeaux. Il y a plusieurs sortes de fruits ; entre autres, des poires, des pommes, des coings, des citrons, des limons, des figues appelées bananes, des cannes à sucre, des goyaves, des raisins, des citrouilles, des concombres, des noix, des prunes, des abricots et des cocos ; mais on n'y voit ni olives ni amandes. On sait la réputation que les oranges de la Chine se sont acquise en Europe ; eh bien ! elles sont ici aussi communes que les pommes en Normandie, et à si bas prix que pour dix sous on en a la charge d'un cheval. De tous les fruits qui nous sont inconnus, et qui sont communs en ce pays, le mangle et le litchy m'ont paru les meilleurs. Le mangle ravit par son odeur, la chair en est jaune et pleine d'un suc si acide, que les taches qu'il fait sont ineffaçables. Le litchy a le goût du raisin muscat ; il est de la grosseur d'une prune ou d'une nèfle : l'écorce en est rude, quoiqu'elle soit assez fine ; la chair en est ferme, et a la couleur d'un raisin dont on a ôté la pellicule ; le noyau en est gros et noir ; quand on a fait sécher ce fruit, il a le goût du raisin sec. Les Chinois en conservent toute l'année, le mêlent avec le thé, auquel ce fruit donne alors un petit goût d'aigreur fort agréable.

On trouve communément, dans toutes les provinces de la Chine, des grenades, des grenadilles, des ananas, des avogados, et d'autres fruits semblables, qui croissent

dans toutes les Indes tant orientales qu'oc-
cidentales. Outre les fruits, la terre produit
encore des herbes semblables aux nôtres,
des laitues, des épinards, des choux, et
toutes sortes de racines.

Les cannes à sucre se cultivent dans
presque toutes les provinces méridionales,
et le sucre candi ne se vend que quatre
sous la livre aux Européens, c'est dire que
les naturels du pays l'achètent à meilleur
marché.

Le chêne est un arbre inconnu à la Chine;
mais on y trouve une espèce d'arbre que
nous nommons arbre de fer à cause de sa
dureté, et qui remplace le chêne; il y a
des pins, des frênes, des ormeaux, des
palmiers et des cèdres. Les Chinois regardent
ce dernier arbre comme nous regardons le
cyprès : c'est l'arbre fatal : ils s'en servent
pour inhumer les morts.

L'arbre le plus commun et le plus utile
est le *bambou*, dont les branches ressemblent à des roseaux : c'est un bois dur et
creux, qui a des nœuds comme le roseau.

Les Chinois en font leurs lits, leurs tables, leurs chaises, des éventails, et mille autres ouvrages, qu'ils couvrent d'un beau vernis.

On trouve ici plusieurs espèces de cire. Outre celle que forment les abeilles du suc des fleurs, il y en a une autre qui est beaucoup plus blanche, et qui répand une lumière plus claire et plus éclatante : elle est l'ouvrage de certains petits vers qu'on élève sur des arbrisseaux, à peu près comme on élève les vers à soie.

Les Chinois, à l'imitation de presque tous les peuples orientaux, usent de la feuille de bétel comme d'un remède souverain contre tous les maux de poitrine et d'estomac : l'arbrisseau qui porte cette feuille croît comme le lierre, et serpente autour des arbres. Cette feuille est d'une forme longue, ayant le bout pointu et s'élargissant vers la queue : la couleur en est d'un vert naissant. Les Chinois mâchent continuellement ces feuilles, et ils prétendent que, mêlées avec de l'aréca, fruit qui

ressemble à la noix muscade, elles for-
tifient les gencives, confortent le cerveau,
chassent la bile, nourrissent les glandes de
la gorge, et servent de préservatif contre
l'asthme, maladie que la chaleur de ce
climat rend fort commune dans les provinces méridionales. Ils portent le bétel et
l'aréca dans des boîtes, et offrent ces feuilles
à leurs connaissances de la même manière
que nous offrons le tabac.

Le thé, qui est la boisson favorite des
Chinois, s'appelle ici *théca*. Ce sont les
feuilles d'un arbuste qui ressemble au gre-
nadier, mais dont l'odeur est plus agréable,
quoique le goût en soit plus amer. Le meilleur thé croît dans la province de Nanking.
L'arbrisseau qui le produit s'étend en petites
branches; sa fleur tire sur le jaune, et a l'o-
deur de la violette : cette odeur est sensible
lors même que la fleur est sèche. La première
feuille naît et se cueille au printemps, parce
qu'alors elle est plus molle et plus délicate;
on la fait sécher à petit feu dans un vase de
grosse terre: on la roule ensuite sur les nat-

tes couvertes de coton : on la transporte par tout l'empire dans des boîtes de plomb garnies d'osier et de roseaux.

Au reste, il y a du thé plus ou moins estimé : celui que nous nommons impérial est le plus cher, et, à mon avis, le moins bon ; ses feuilles sont plus larges, mais aussi elles sont plus amères que les feuilles de thé vert ordinaire. Il faut aussi remarquer que les Chinois gardent pour eux le meilleur thé, et que celui que l'on porte en Europe a souvent bouilli plus d'une fois dans les théières chinoises ; ils prétendent de plus que l'on doit boire le thé sans sucre, surtout le vert : ceux qui y trouvent trop d'amertume se contentent de mettre dans leur bouche un morceau de sucre candi, qui suffit pour huit ou dix prises. J'ai éprouvé qu'en effet le thé pris de cette manière était beaucoup plus agréable et même plus sain.

Manufactures de la Chine.

Les Chinois ont plusieurs manufactures d'étoffes de soie, comme des damas pour meubles et pour habits, d'étamines, de gros de Tours, appelé *gourgouran*, de taffetas, de satins unis et à fleurs, de *lampas*, etc. Je ne veux pas comparer ces manufactures aux nôtres; cependant leurs teintures sont infiniment meilleures, et leurs couleurs primitives sont à l'épreuve de l'eau : je crois même que, si on voulait faire travailler les ouvriers dans notre goût, et les payer à proportion de leur travail, ils ne seraient pas inférieurs à ceux de la France. Mais on doit considérer que nous achetons plus cher en Europe la soie brute, qu'on ne paie à la Chine la soie mise en œuvre.

Si l'histoire des Chinois est véritable, il paraît qu'ils ont inventé la manière d'élever les vers à soie, deux mille ans avant la naissance de Jésus-Christ. Quoi qu'il en soit de cette question, il est certain que la province de Tche-Kiang fournit plus de soie que n'en produit toute l'Europe. Les vers la filent deux fois chaque année, et on la travaille dans les provinces de Péking, de Nanking et de Canton ; mais les soieries de Nanking sont préférables à celles de Canton, parce qu'elles paraissent plus douces et mieux travaillées, et que les ouvriers de cette dernière province mêlent dans leurs étoffes une partie de soie crue et de filoselle.

Comme les Chinois n'ont ni lin, ni chanvre, leurs toiles, quoique très-fines, sont faites de fil de coton ou d'orties. Ils fabriquent aussi des draps fort légers, dont ils se servent en hiver au lieu d'étoffes de soie. Dans les provinces du nord, ils doublent ces draps de peaux de bêtes, dont les Moscovites et les Tartares font un grand commerce.

L'usage de la porcelaine est général par toute la Chine, mais la plus belle se fabrique à King-te-Thing, gros bourg qui est aussi peuplé que les plus grandes villes de la Chine. On trouve dans la province de Nanking la matière dont on fait la porcelaine. La plus rare et la plus précieuse est la porcelaine jaune, elle est réservée à l'empereur; cette couleur, en quelque ouvrage que ce soit, est affectée au prince.

Quoique le tabac ne soit pas à la Chine

d'un usage aussi général qu'en Europe, elle en produit néanmoins une très-grande quantité. On ne le réduit point en poudre, parce qu'on s'en sert pour fumer. On cueille les feuilles lorsqu'elles sont bien mûres, et on les carde à peu près comme on carde la laine; on les met ensuite sous un pressoir, et on les foule de la même manière que nos tanneurs foulent les restes du tan pour en faire des mottes à brûler.

Les ouvrages de vernis que nous estimons tant en Europe, sont ici très-communs, et à un prix fort modique. Le vernis est un bitume ou une gomme qu'on tire de l'écorce d'un arbre qui ne croît qu'à la Chine et au Japon. Les Hollandais ont en vain tenté de transporter cette gomme en Europe; elle perd sa vertu au bout de six mois. Toutes les tables et les meubles des Chinois sont enduits de ce vernis, qui est à l'épreuve de l'eau bouillante.

Aliments et cuisine des Chinois.

Le riz est la nourriture la plus ordinaire des habitants de la Chine, et ils le préfèrent au pain. Ils n'épargnent rien dans leur repas, et l'abondance y règne au défaut de la propreté et de la délicatesse. Les vivres sont partout à très-grand marché, à moins qu'une mauvaise récolte de riz ne fasse renchérir les autres denrées.

Outre la chair de pourceau, qui est la plus estimée et qui est comme la base des meilleurs repas, on trouve des chèvres, des poules, des oies, des canards, des perdrix, des faisans, et quantité de gibier inconnu en Europe. Les Chinois exposent aussi dans leurs marchés de la chair de cheval, d'ânesse et de chien : ce n'est pas qu'ils n'aient des buffles et des bœufs; mais, dans la plupart des provinces, la superstition ou les besoins de l'agriculture empêchent qu'on ne les tue.

Voici à peu près la manière dont ils apprêtent leurs viandes. Ils tirent le suc d'une certaine quantité de chair de pourceau, de poule, de canard, de faisan, etc., et ils se servent de cette substance pour cuire les autres viandes ; ils diversifient ces ragoûts par un mélange d'épiceries et d'herbes fortes. On sert toutes les viandes coupées par morceaux, dans des jattes de porcelaine, et il est rare que l'on mette sur leurs tables des pièces entières, si ce n'est lorsqu'ils invitent quelques Européens dont ils veulent par courtoisie imiter les usages. Parmi les ragoûts, il en est quelques-uns dont on peut néanmoins se régaler : ce sont des nerfs de cerfs et des nids d'oiseaux, accommodés d'une manière particulière. Ces nerfs sont exposés au soleil pendant l'été, et conservés avec de la fleur de poivre et du macis. Lorsqu'on veut les apprêter, on les met dans de l'eau de riz pour les amollir, et on les fait cuire dans du jus de chevreau, assaisonné de plusieurs épices. Les nids d'oiseaux viennent du Japon, et sont de la grosseur d'un œuf de poule. La matière en est inconnue, mais elle ressemble beaucoup à la mèche qu'on tire du sureau ou à la pâte filée de Gênes ou de Milan. Le goût en serait insipide s'il n'était relevé par des épices qu'on y mêle : c'est le plat favori des Chinois. Ils font aussi une certaine pâte de riz qu'ils filent, et que nous appelons *vermicelli* de riz; ces trois mets sont, à mon avis, très-supportables. Les fleuves qui arrosent toutes les provinces de la Chine, les lacs, les étangs et la mer, fournissent abondamment toutes sortes de poissons. Les Chinois les font sécher et en font un très-grand commerce.

Quoique les Chinois aient des brebis et des chèvres dont ils peuvent traire le lait, ils ne savent point néanmoins faire le beurre, dont ils ignorent absolument le goût et l'usage. J'en ai fait enseigner la manière à un de nos jeunes néophytes par un matelot de la Basse-Bretagne; mais il n'a point la couleur et la perfection du nôtre. Au lieu de beurre, ils se servent de saindoux, ou d'une huile qu'ils tirent d'un fruit qui m'est tout à fait inconnu, et dont on n'a jamais pu me donner aucune connaissance.

Des temples et des prêtres chinois nommés bonzes.

Je ne crois pas que dans tout le reste de l'Asie la superstition ait érigé de si beaux temples que dans ce pays-ci. Les plus magnifiques sont hors des villes, et l'on commet aux bonzes qui les habitent le soin de les entretenir. Ces édifices ou pagodes sont plus ou moins grands, selon les richesses et la dévotion de ceux qui les ont fondés. Ils sont ordinairement situés sur le penchant des montagnes. Quoique les montagnes soient arides, les bonzes entretiennent dans ces pagodes un printemps éternel : ce sont de charmantes solitudes. Tout y est pratiqué avec tant d'ordre, que le goût le plus bizarre n'y trouve rien à désirer, soit pour la fraîcheur; qui est un agrément essentiel pour un climat si chaud, soit pour la commodité. Les bonzes font couler les eaux des montagnes par plusieurs canaux, et ils les distribuent aux environs et dans l'intérieur de la pagode, où il y a des bassins et des fontaines pour les recevoir : ils plantent des bosquets et des avenues d'arbres dont l'hiver semble respecter le feuillage.

Quoique les bonzes qui desservent ces temples se donnent pour les amis et les confidents des dieux, ils sont cependant fort méprisés à la Chine, et les peuples qui, dans leur idolâtrie, n'ont aucun système bien suivi, ne respectent pas plus la divinité que ses ministres. Ils sont tirés de la lie du peuple; et lorsqu'ils ont amassé quelques sommes d'argent, ils achètent des esclaves dont ils font des disciples, qui deviennent leurs successeurs, car il est bien rare qu'un Chinois un peu à son aise embrasse cette profession.

Les bonzes ont des supérieurs et des dignitaires parmi eux; et, pour être initié aux mystères de leur secte, il faut passer par un très-rude noviciat. Celui qui postule pour l'état de bonze est obligé de se laisser croître la barbe et les cheveux pendant un an, de porter une robe déchirée; et d'aller de porte en porte chanter les louanges des idoles auxquelles il se consacre. Il s'acquitte de ce devoir sans lever les yeux, et la populace, pour éprouver sa vocation ou pour l'en détourner, l'accable ordinairement de sarcasmes, d'injures, quelquefois même de coups de bâton. L'humble candidat souffre tout avec une patience qui mériterait un plus noble objet. Il ne mange, pendant une année, aucune chose qui ait eu vie ; il est pâle, maigre, défiguré : si le sommeil, auquel il résiste constamment, le surprend quelquefois, un compagnon impitoyable le réveille aussitôt ; en un mot, rien n'est comparable aux tourments qu'on lui fait endurer.

Lorsque le jour est arrivé où il doit prendre l'habit, les bonzes des pagodes voisines s'assemblent, se prosternent tous devant l'idole, et récitent à haute voix, comme en psalmodiant, des prières dont souvent ils ne comprennent pas le sens ; ils ont autour du cou une espèce de chapelet dont les grains sont fort gros ; ensuite ils entonnent je ne sais quels hymnes, et accompagnent leur chant du son de plusieurs petites clochettes.

Cependant le novice, prosterné la face

contre terre à l'entrée du temple, attend la fin de ces cérémonies pour y recevoir l'honneur qu'on veut lui faire. Les bonzes le conduisent au pied de l'autel, et lui mettent une longue robe grise ; on lui pose aussi sur la tête un bonnet de carton sans bord, doublé d'une toile grise ou noire, et la cérémonie finit par l'accolade. Le novice régale ensuite tous les bonzes, et l'ivresse qui succède à ce repas termine la fête.

De quelques usages en vigueur à la Chine. — Détails.

Un Chinois qui a peu de bien va souvent à l'hôpital demander une petite fille, afin de l'élever et de la donner pour épouse à son fils : par là il épargne l'argent qu'il lui faudrait fournir pour l'achat d'une femme ; d'ailleurs, il se persuade qu'une fille qu'il a ainsi tirée de l'hôpital lui sera plus soumise. Il est rare qu'avant le temps des noces il se passe rien contre la décence et l'honnêteté ; la mère, qui ne sort pas de la maison, a toujours sa petite bru sous ses yeux, outre que la pudeur qui règne à la Chine parmi les personnes du sexe serait seule un rempart assuré contre toute apparence de désordres. Les riches qui n'ont pas d'enfants feignent quelquefois que leur femme est enceinte, puis ils vont la nuit chercher dans l'hôpital un enfant qu'ils font passer pour leur propre fils. Ces enfants, lorsqu'ils étudient, ont le privilége de se faire examiner, et de parvenir au degré de bachelier et de docteur; c'est un droit qui ne s'accorde pas aux enfants adoptifs : à la vérité, les parents du père putatif peuvent y mettre opposition, mais ils ne le font pas toujours.

Les Chinois gardent d'ordinaire chez eux leur cercueil, qui est tout prêt à les recevoir quand le moment de leur mort arrivera, et ils ont une vraie complaisance à le considérer. Ces cercueils sont fort épais, et peuvent résister longtemps à l'air et à la pluie : il faut quelquefois quatre et même huit personnes pour porter un cercueil vide; on en voit qui sont ciselés délicatement et tout couverts de vernis et de dorures : souvent l'on vend ou l'on engage le fils pour procurer un cercueil à son père. Les sépultures sont hors des villes, et, autant qu'on le peut, sur les hauteurs : souvent on y plante des pins et des cyprès. Les sépulcres sont bien blanchis et d'une construction assez jolie. On n'enterre point plusieurs personnes, même les parents, dans une même fosse, tant que le sépulcre garde sa forme. Ce serait à la Chine une chose monstrueuse de voir des ossements humains entassés les uns sur les autres, comme on les voit en Europe, mais ce serait une cruauté inouïe de tirer le cœur et les entrailles du mort pour les enterrer séparément.

Les quatre états différents à la Chine sont ceux de lettrés, de laboureurs, d'artisans et de marchands : c'est la nécessité qui règle leur rang. Tous les ans, au printemps, l'empereur lui-même va solennellement labourer quelques sillons, pour animer par son exemple les laboureurs à la culture des terres : les mandarins en agissent de même. Quand il vient quelques députés des vice-rois à la cour, l'empereur ne manque jamais de leur demander en quel état ils ont vu les campagnes : une pluie tombée à propos est un motif pour rendre visite au mandarin et pour le complimenter.

Il faut que la misère d'un Chinois soit extrême pour l'obliger à vivre à l'hôpital ; il aime quelquefois mieux mourir de faim, surtout s'il a été autrefois à son aise : aussi en voit-on mourir un grand nombre. On aurait peine à croire jusqu'où va la misère parmi le peuple ; il en est qui passent deux ou trois jours sans prendre autre chose que du thé. Les habitants de certaines contrées peu fertiles n'ont pas plutôt ensemencé leurs terres, qu'ils vont presque tous ailleurs pour y vivre d'aumônes pendant l'hiver.

On trouve souvent sur les chemins des espèces de reposoirs qui sont assez propres et fort commodes dans le temps des grandes chaleurs. Un mandarin qui est hors de charge cherche, aussitôt qu'il est de retour dans son pays, à se rendre recommandable par ces sortes d'ouvrages. On trouve aux avenues de certaines bourgades, de grands chemins pavés de belles pierres carrées. Il y a aussi sur les chemins des temples et des pagodes : on peut s'y retirer pendant le jour, mais il n'est pas sûr d'y passer la nuit, quelque bon accueil qu'on y reçoive. En été, des personnes charitables ont des gens à leurs gages qui donnent gratuitement du thé aux pauvres voyageurs : on veut seulement qu'ils sachent le nom de leur bienfaiteur. Les grands chemins ne manquent pas d'hôtelleries ; mais les honnêtes gens ne peuvent guère s'en accommoder : il faut qu'ils portent avec eux tout l'attirail d'un lit.

Le gouvernement politique de la Chine roule tout entier sur les devoirs des pères à l'égard de leurs enfants, et des enfants envers leurs pères. L'empereur est appelé le père de tout l'empire ; le mandarin, le père de la ville qu'il gouverne, et il donne à son tour le nom de père à celui qui est au-dessus de lui. Les lois de police et de bienséance sont fondées sur ce principe, qui est très-simple. Le premier et le quinze de chaque mois, les mandarins s'assemblent en céré-

monie dans un lieu où on lit une ample instruction pour le peuple, et cette pratique
est ordonnée par un statut de l'empereur :
le gouverneur fait en cela l'office d'un père
qui instruit sa fille. On joint le nom de père
à celui d'oncle paternel ; le frère aîné, quand
il n'aurait rien hérité de son père, est chargé
d'élever les cadets, et de leur trouver à chacun une femme.

Lorsque dans une ville il s'est commis un
vol considérable ou un assassinat, il faut
que le mandarin dénonce les voleurs ou les
assassins ; autrement il est cassé de sa
charge. De même, s'il se commet quelque
crime énorme, par exemple, si un fils tue
son père, le crime n'est pas plutôt déféré
aux tribunaux de la cour, que tous les mandarins sont destitués de leurs emplois, parce
qu'ils n'ont pas eu soin de veiller aux bonnes mœurs. Il y a pareillement des cas ex-
traordinaires où l'on punit de mort les parents avec leurs enfants coupables. Les
parents peuvent, avec l'agrément des mandarins, s'assembler dans la salle des ancê-

tres, et là condamner et mettre à mort un enfant incorrigible, quand on craint de lui quelque mauvaise action capable de déshonorer sa famille.

Proscription de la religion chrétienne à la Chine
(1722).

Il n'y a que peu de mois que je suis arrivé à la Chine, et en y arrivant j'ai été infiniment touché de voir le triste état où se trouve une mission qui donnait, il n'y a pas longtemps, de si belles espérances. Des églises ruinées, des missionnaires exilés et confinés à Canton, premier port de la Chine, sans qu'il leur soit permis de pénétrer plus avant dans l'empire, enfin la religion sur le point d'être proscrite : voilà les tristes objets qui se sont présentés à mes yeux, dès mon entrée dans un empire où l'on trouvait de si favorables dispositions à se soumettre à l'Évangile.

Suite du même sujet (1724) (1).

Comment vous écrire dans l'accablement de douleur où nous sommes, et le moyen de vous faire le détail des tristes scènes qui se sont passées sous nos yeux? Ce que nous appréhendions depuis plusieurs années, ce que nous avons tant de fois prédit, vient enfin d'arriver. Notre sainte religion est entièrement proscrite à la Chine; tous les missionnaires, à la réserve de ceux qui étaient à Péking, sont chassés de l'empire; les églises sont ou démolies, ou destinées à des usages profanes; on publie des édits où, sous des peines rigoureuses, on ordonne aux chrétiens de renoncer à la foi, et où l'on défend aux autres de l'embrasser. Tel est le déplorable état où se trouve une mission qui depuis près de deux cents ans nous a coûté tant de sueurs et de travaux.

Les premières étincelles qui ont allumé le

____

(1) L'empereur Cang-Hi, protecteur de la religion chrétienne et des missionnaires, était mort depuis deux ans, après un règne de soixante ans.

fcu d'une persécution aussi générale, s'éle-
vèrent au mois de juillet de l'année dernière,
dans la province de *Fokien*; ce fut à *Foun-
Gauhien*, ville dépendante de *Foun-Ning-
Tchéou*. Cette chrétienté était gouvernée par
deux dominicains espagnols, venus depuis
peu des Philippines. Un bachelier chrétien,
mécontent des missionnaires, renonça à la
foi; ensuite, s'étant associé plusieurs autres
bacheliers, ils allèrent ensemble présenter
au mandarin du lieu une requête qui conte-
nait plusieurs accusations. Les principales
étaient que des Européens, qui se tenaient
cachés, avaient élevé un grand temple aux
frais de leurs disciples, que les hommes et
les femmes s'y assemblaient pêle-mêle, et
qu'on destinait, dès leur bas âge, des jeunes
filles à garder la virginité, etc.

Il est certain que ces pratiques avaient
été instituées, il y a peu d'années, avec de
bonnes intentions; mais il n'est pas moins
certain que ce fut avec peu de connaissance
des usages et des coutumes de la Chine, ou
sans y avoir égard; car les autres mission-

naires, soit Jésuites, soit d'autres ordres religieux, qui connaissent la susceptibilité des
Chinois sur la séparation des personnes de
différents sexes, ont principalement évité
avec grand soin de donner sur cet article le
moindre ombrage, rien n'étant plus capable,
vu le caractère de ces peuples, de rendre la
religion odieuse et méprisable.

Le gouverneur de la ville de *Foungan*, à
qui la requête avait été présentée, l'avait
sans doute envoyée aux mandarins supérieurs; car, dès le 14 juin, il reçut du *tsong-
tou*, grand mandarin, l'ordre qui suit :

« J'ai appris que, dans votre gouvernement,
« il y a des gens qui professent la religion
« du Seigneur du ciel; que les riches et les
« pauvres l'embrassent; qu'ils ont des tem-
« ples à la ville et à la campagne, et, ce qui
« est plus criant, qu'il y a des jeunes filles
« qui la suivent, auxquelles on interdit le
« mariage et l'on donne le nom de vierges;
« que lorsqu'on prêche cette religion, on ne
« distingue ni hommes ni femmes; que dans
« le territoire qui dépend de *Foungan* on

« compte quinze ou seize temples de cette
« secte. C'est là une religion étrangère qui
« séduit le peuple et qui altère nos bonnes
« coutumes ; cela est d'une grande consé-
« quence : c'est pourquoi il est à propos de
« défendre cette loi et d'en arrêter le cours.
« J'envoie donc cet ordre. Aussitôt que vous
« l'aurez reçu, ayez soin de le publier dans
« toute l'étendue du ressort de *Foungan*,
« d'interdire cette religion, de prendre le
« nom et de décrire la forme de chaque
« temple, de le fermer, et d'ordonner aux
« chefs des familles et de chaque quartier
« d'intimer partout cette ordonnance, afin
« que l'on s'y conforme, et que l'on se
« corrige promptement des fautes passées.
« Si dans la suite il se trouve quelqu'un
« qui ait la témérité de violer ces ordres,
« il le faut punir selon les lois. Que l'on
« prenne à l'instant les noms de ceux qui se
« rassemblent pour suivre cette loi étran-
« gère, qu'on se saisisse de leurs personnes,
« afin que, d'après les règlements, ils soient
« châtiés pour leur crime. On ne leur par-

« donnera point. Examinez donc ; dressez
« un mémoire du temple de chaque lieu ;
« décrivez-en la forme , afin que je juge à
« quel usage il peut servir : que l'examen
« soit exact, sincère et véritable ; faites-le
« avec attention ; délibérez , et envoyez-moi
« votre délibération , afin que l'on n'agisse
« qu'avec raison. Exécutez cet ordre sans
« délai. »

Le mandarin de *Foungan* , ayant reçu cet
ordre , rendit aussitôt un édit public qu'il fit
afficher aux endroits les plus fréquentés de
la ville ; il se mit ensuite en devoir de faire
les recherches qui lui avaient été ordon-
nées , et rendit compte de tout aux mandarins de la capitale.

Lorsque nous apprîmes à Péking la nouvelle de l'ordonnance du *tsong-tou* et du
vice-roi de la province de *Fokien* , nous en
fûmes alarmés , parce que nous avions tout
lieu de craindre que cette tempête ne s'éten-
dît plus loin : car les temps sont bien changés ; l'empereur régnant ne se sert presque
plus des Européens, et il paraît peu touché

des sciences et des autres curiosités des pays étrangers. Cette disposition de l'empereur a éloigné de nous les amis que nous avions, dont les uns ne sont plus en état de nous rendre service, et les autres n'osent avoir des liaisons avec les Européens. Ainsi, quoique nous eussions des partisans au tribunal des rites, où cette affaire fut portée, nous eûmes bientôt la douleur d'apprendre qu'il avait arrêté la détermination suivante :

« Les Européens qui sont à la cour y sont
« utiles pour le calendrier, et rendent d'au-
« tres services ; mais ceux qui résident dans
« les provinces n'y sont d'aucune utilité ; ils
« attirent à leur loi le peuple ignorant, les
« hommes et les femmes, ils élèvent des
« églises, où ils s'assemblent sans distinc-
« tion de sexe, sous prétexte de prier ; l'em-
« pire n'en retire pas le moindre avantage.
« Conformément à ce que le *tsong-tou* de
« *Fokien* propose, il faut laisser à la cour
« ceux qui y sont utiles ; quant à ceux qui
« sont répandus dans les provinces de l'em-
« pire, s'ils peuvent être utiles, il faut les

« conduire à la cour ; que l'on conduise les
« autres à Macao (1). Il y en a qui ont reçu
« ci-devant la patente impériale du tribunal
« intérieur : qu'elle soit remise aux manda-
« rins des lieux, qui l'enverront à notre tri-
« bunal, pour être remise à celui dont elle
« est sortie, et être brûlée ; que les temples
« qu'ils ont bâtis soient tous changés en
« édifices publics ; que l'on interdise rigou-
« reusement cette religion, et qu'on oblige
« ceux qui ont été assez aveugles pour l'em-
« brasser, de se corriger au plus tôt. Si dans
« la suite ils se rassemblent pour prier,
« qu'ils soient punis selon la rigueur des
« lois. Si les mandarins des lieux ne sont
« pas attentifs à faire observer cet ordre, que
« les *tsong-tou* et les vice-rois les cassent de
« leurs charges et nous les dénoncent, afin
« que nous prononcions sur le châtiment
« qu'ils méritent. »

(1) Macao est une petite ville, dans une île près de la rivière de Canton ; elle est censée appartenir aux Portugais ; mais les Chinois y sont à présent plus maîtres qu'eux.

Cette délibération du tribunal des rites fut présentée à l'empereur le 10 janvier. Le lendemain il écrivit avec son pinceau rouge la sentence qui était conçue de la sorte :

« Qu'il soit fait ainsi qu'il a été déter-
« miné par le tribunal des rites. Les Euro-
« péens sont des étrangers : il y a bien des
« années qu'ils demeurent dans les pro-
« vinces de l'empire; maintenant, il faut
« s'en tenir à ce que propose le *tsong-tou* de
« *Fokien*; mais comme il est à craindre que
« le peuple ne leur fasse quelque insulte,
« j'ordonne aux *tsong-tou* et vice-rois des
« provinces de leur accorder une demi-an-
« née ou quelques mois; et, pour les con-
« duire, soit à la cour, soit à Macao, de
« leur donner un mandarin qui les accom-
« pagne dans le voyage, qui prenne soin
« d'eux, et qui les garantisse de tout ou-
« trage. Qu'on observe cet ordre avec res-
« pect. »

Tel est le triste état où est réduite la mission de la Chine. La sentence portée contre la religion a été suivie des plus déplorables événements. Elle ne fut envoyée dans les provinces que le 11 février; cependant, les mandarins ne laissèrent pas d'agir contre nous à la première connaissance qu'ils en eurent par les gazettes. Dans la province de Péking, nonobstant la liberté qu'on nous laisse dans la capitale, le mandarin de *Ouen-Ngan-Hien* s'empara aussitôt de l'église française que nous y avions, et la changea en un grenier public : à *Koupe-Kéou*, sur le chemin de la Tatarie, au passage de la grande muraille, où nous avions une église française, les mandarins s'en emparèrent, prirent les tableaux qui l'ornaient, et les firent brûler publiquement.

Dès que la sentence du tribunal fut arrivée dans les provinces, on s'empara presque partout des églises où il n'y avait pas de missionnaires; toutes celles de la province de *Fokien* furent changées, les unes en écoles publiques, les autres en greniers publics, d'autres en salles pour honorer les ancêtres, quelques-unes même furent entièrement détruites. Quoique l'empereur ordonne aux mandarins de garantir les missionnaires de toute insulte, et de leur accorder six mois pour quitter la Chine, nous savons que plusieurs d'entre eux se sont trouvés exposés à de graves outrages, et qu'aucun d'eux ne peut plus regarder la ville de Canton comme un asile. A peine le vice-roi eut-il reçu la sentence du tribunal, qu'il la fit publier dans tout son district. Il fit déclarer en même temps aux missionnaires de Canton qu'ils eussent à se disposer à partir pour Macao, et qu'il prétendait que bientôt il n'y eût plus de missionnaires dans son département.

Quelle est notre douleur de voir, d'un côté, entre les mains des Infidèles, plus de trois cents églises qui avaient été consacrées au culte du vrai Dieu, et d'un autre côté plus de trois cent mille chrétiens sans prêtres, sans pasteurs, et destitués de tout secours spirituel ! Ce qui est plus déplorable encore, c'est qu'à moins d'un grand miracle, nous ne voyons pas qu'on puisse les assister, sans exposer visiblement l'ombre d'espérance qui nous reste dans le séjour qu'on nous permet de faire à Péking.

Gazette officielle de la Chine (Canton, 1727).

C'est dans cette gazette qu'on apprend la religion, la doctrine, les lois, les coutumes, les mœurs des Chinois, et, par conséquent, la manière de se conduire et de traiter avec eux. On y apprend aussi les expressions les plus propres dont on doit se servir pour bien parler et pour bien écrire sur toutes sortes de matières. Cependant, les missionnaires européens ont toujours négligé cette lecture; les uns, parce qu'ils ne savent pas assez la langue; les autres, parce qu'ils ont à faire des dépenses qu'ils jugent bien plus nécessaires. La plupart même ne la connaissent pas, et au seul mot de gazette qu'ils entendent, ils s'imaginent qu'elle ressemble à certaines gazettes d'Europe, dans lesquelles on met ou l'on fait mettre tout ce que l'on veut de bon et de mauvais, sans nulle distinction : or, en raisonnant ainsi sur la gazette de la Chine, ils se trompent fort, car on n'y imprime rien qui n'ait été présenté à l'empereur même. Ceux qui la rédigent n'oseraient y rien ajouter, pas même leurs propres réflexions, sous peine de punition corporelle. L'année dernière, l'écrivain du tribunal, et un autre écrivain qui était employé dans un bureau de la poste, furent condamnés à mort pour avoir inséré dans la gazette quelques circonstances qui se trouvaient fausses. La raison sur laquelle le tribunal des crimes fonda son jugement, c'était qu'en cela ils avaient manqué de respect pour Sa Majesté, et que la loi portait que quiconque manque au respect qu'il doit à l'empereur mérite la mort.

Pour vous donner une idée juste de cette gazette, je vous dirai qu'elle contient presque toutes les affaires publiques qui se passent dans ce vaste empire. C'est un recueil qui renferme les mémoriaux et les placets présentés à l'empereur, les réponses que ce prince y a faites, les instructions qu'il a données, et les grâces qu'il a accordées aux mandarins ou au peuple. Ce recueil s'imprime tous les jours en forme de brochure qui contient soixante à soixante et dix pages. Il est aisé de voir que, quand on lit cette gazette avec attention, on est instruit d'une infinité de choses différentes et curieuses. Pour vous les faire mieux connaître, je vais vous rapporter quelques extraits que j'en ai tirés, et qui pourront satisfaire votre curiosité.

Libéralités de l'impératrice en faveur des femmes avancées en âge.

« Après que l'impératrice eut été solen-
« nellement reconnue, elle fit, selon la
« coutume, ses libéralités par tout l'em-
« pire à toutes les femmes qui passaient
« soixante-dix ans. L'empereur en donna
« l'ordre, et il fut adressé au vice-roi de
« chaque province, qui l'intima aux gou-
« verneurs des villes du second et du troi-
« sième ordre. Voici comment la chose
« s'exécute. On fait trois classes de ces
« femmes âgées. La première classe est de

« celles qui ont depuis soixante et dix
« jusqu'à quatre-vingts ans; la seconde, de
« celles qui ont depuis quatre-vingts jusqu'à
« quatre-vingt-dix ans; et la troisième est
« de celles qui ont depuis quatre-vingt-dix
« jusqu'à cent ans et au-dessus. La libé-
« ralité est différente selon la différence de
« ces trois âges. Elle consiste en plusieurs
« pièces de toile de coton, et quelques
« boisseaux de riz. Les femmes les plus
« âgées en reçoivent un plus grand nombre.

« Lorsque le mandarin du lieu a reçu
« par le vice-roi l'ordre de la cour, il le
« publie par des écrits qu'on affiche dans
« les carrefours. Les pièces de toile et les
« boisseaux de riz se distribuent à toutes
« les femmes, de quelque condition qu'elles
« soient, soit qu'elles se présentent elles-
« mêmes, soit que leurs parents se présen-
« tent en leur place, avec un témoignage du
« capitaine de leur quartier, ou de leurs voi-
« sins, qui fasse foi qu'une telle, d'une
« telle famille, demeurant en tel endroit,
« est âgée de tant d'années. Si elle avait

« déjà reçu une fois cette libéralité, il n'est
« point nécessaire de porter un nouveau
« témoignage. C'est aux officiers, s'ils en
« doutent, à consulter les anciens regis-
« tres du tribunal. Tout se fait aux dépens
« de Sa Majesté; l'argent se prend dans le
« trésor public. Le gouverneur de chaque
« ville, qui fait la distribution de cette libé-
« ralité dans toute l'étendue de son district,
« dresse un rôle exact du nom et de l'âge de
« toutes celles qui ont reçu des bienfaits
« de l'impératrice. Il marque aussi le nom-
« bre des pièces de toile, des boisseaux de
« riz, et la somme qui a été employée. Tout
« s'envoie au vice-roi, et celui-ci l'envoie
« à la cour souveraine des aides, qui est à
« Péking, afin qu'elle passe en compte la-
« dite dépense, après avoir examiné avec
« attention s'il n'y a point eu de fraude ou
« d'erreur. »

La gazette a fait mention du mémoire
que le vice-roi de la province de *Chan-
Tong* a envoyé sur ce sujet à l'empereur,
et du compte qu'il avait adressé à la cour

des aides. Le nombre de femmes qui passent soixante et dix ans était de quatre-vingt-dix-huit mille deux cent vingt-deux; celles qui passaient quatre-vingts ans étaient au nombre de quarante mille huit cent quatre-vingt-treize; et le nombre de celles qui étaient au-dessus de quatre-vingt-dix ans, allait à trois mille quatre cent cinquante-trois. Qu'il se trouvât une si grande multitude de femmes d'un âge si avancé dans une seule province, c'est ce que l'on aura peine à croire en Europe; que sera-ce donc, si j'ajoute qu'il y en a encore un très-grand nombre du même âge qui n'ont aucune part à cette distribution, parce qu'étant ou de qualité ou de familles actuellement en charge, elles veulent conserver certains dehors, et auraient honte d'envoyer leur nom, et de recevoir une libéralité qui se fait principalement envers les pauvres. Mais ce nombre, dont je viens de parler, n'aura rien de surprenant pour les missionnaires qui ont parcouru la Chine. Ils connaissent par eux-mêmes que les provinces sont autant de petits royaumes, que la Chine est très-peuplée, et que, généralement parlant la frugalité des Chinois les fait vivre plus longtemps qu'en Europe (1).

Mais si le nombre des femmes âgées paraît extraordinaire, que doit-on penser de ces sommes nombreuses que l'empereur a fait distribuer dans cette occasion? car, en se bornant à cette seule province de *Chan-Tong*, qu'on mette les femmes de soixante et dix ans à deux écus par tête, celles de quatre-vingts à trois, et celles de quatre-vingt-dix à quatre, c'est mettre ce qu'on leur donne au prix le plus bas : car on dit que ces dernières reçoivent la valeur de quatre onces d'argent, qui font environ vingt francs monnaie de France. A cette dépense faite dans le Chan-Tong, qu'on joigne la même dépense, et peut-être une plus grande qui s'est faite dans les treize autres

(1) Ainsi voilà, de compte fait, pour une seule province, 150,568 vieilles femmes; si l'on ajoute à ce nombre, 10,000 qui ne se sont pas fait inscrire, il y en aura 160,568, et l'on sait que la Chine renferme quinze provinces! Quelle population!

provinces de la Chine, et dans le *Leao-Tong*, on trouvera sans doute que cette libéralité est véritablement impériale.

Ce fut là le bienfait de la nouvelle impératrice à l'égard des femmes âgées. L'empereur, dès la première année de son règne, avait honoré les trois classes des vieillards d'une semblable gratification. C'est ainsi que ces deux têtes couronnées inspirent à tout le peuple, par leur exemple, l'estime singulière qu'on doit avoir pour la vieillesse.

Tendresse paternelle de l'empereur pour les pauvres.

La troisième année du règne d'*Yong-Tching*, les pluies furent excessives, et les inondations causèrent la stérilité dans la province de Péking, et dans celle du Chan-Tong, qui y confine. De plusieurs villes de ces deux provinces une grande multitude de pauvres se rendit à Péking même. L'empereur leur permit d'y rester, et ordonna qu'on tirât le riz des greniers publics, qu'on le fît cuire, et qu'on le distribuât, par aumône, chaque jour, dans différents quartiers de cette ca-

pitale, à tous ceux qui seraient dans le besoin. Ayant même fait réflexion quelque
temps après que cette ville étant très-vaste,
les quartiers seraient peut-être trop éloignés, et que, parmi cette nombreuse troupe
de pauvres, il y aurait infailliblement des
vieillards, des infirmes, des femmes qui
auraient trop de peine à s'y rendre, il fit encore ajouter cinq autres endroits à ceux que
l'on avait d'abord désignés, afin que les
lieux où se ferait la distribution étant multi-
pliés, et placés à des distances plus commodes, les infirmes mêmes pussent en profiter. Cette distribution se fit pendant tout
l'hiver. Cependant plusieurs de ces pauvres,
qui étaient venus d'ailleurs, ne sachant où se
retirer, étaient réduits à passer la nuit dans
la rue. L'empereur, qui s'informe secrètement de tout, le sut, et ayant fait venir en
sa présence les mandarins qui sont obligés
par office de veiller au bon ordre de la ville,
il leur parla ainsi :

« C'est à vos soins qu'on a confié la police
« des cinq grands quartiers. Vous devez les

« parcourir jour et nuit. Cette année, l'hi-
« ver est violent. Or, j'ai appris que la plu-
« part des pauvres qui sont venus des villes
« voisines n'ont point de maisons où passer
« la nuit ; que plusieurs ont beaucoup souf-
« fert du froid, et même que quelques-uns
« en sont morts. Cette connaissance m'a saisi
« le cœur. J'ai été touché d'une tendre com-
« passion. Quoi ! serait-il possible que, parmi
« les habitants de Péking, il ne se trou-
« vât personne qui eût assez de charité pour
« les retirer ? je ne puis le croire. Or, il y a
« des gens qui aiment à faire le bien ; mais
« je pense qu'ils vous craignent vous autres
« qui faites la ronde : ils n'osent loger des
« inconnus contre les règlements qui le dé-
« fendent : c'est l'ordinaire ; chacun craint
« de s'attirer quelque affaire. Je vous avertis
« donc d'avoir pour ce temps-ci plus d'indul-
« gence. Laissez sur ce sujet plus de liberté.
« Il ne faut pas empêcher qu'on exerce
« la charité. Veillez au bon ordre ; mais en
« même temps faites en sorte que nul de
« ces malheureux ne couche dehors. Il y aura

Bel exemple de désintéressement donné par un homme et une femme du peuple ... Pag. 143.

« sans doute des gens charitables qui les
« recevront chez eux pendant la nuit; ne
« vous y opposez pas : laissez-les pratiquer
« cette bonne œuvre. Lorsque nous serons ve-
« nus à la seconde lune, le froid sera presque
« passé; le temps sera doux, et vous pourrez
« alors être plus rigides. Votre devoir est
« d'empêcher le mal, de veiller à ce que le
« bon ordre soit observé; mais aussi faut-il
« avoir de la tendresse pour les pauvres, et
« secourir les affligés qui n'ont aucune res-
« source. Je vous donne cet avertissement.
« Si dans la suite quelques-uns de ces gens-là
« meurent de froid, c'est à vous que je m'en
« prendrai; vous serez en faute et vous mé-
« riterez punition. »

Bel exemple de désintéressement donné par un homme
et une femme du peuple.

En 1728, Tching-Tai, marchand de la province de Chen-Si, allant à Mong-Tsing pour
acheter du coton, dont il fait commerce,
avait sur lui une bourse de cent soixante et
dix onces d'argent. Sur le chemin qui est

près de la montagne Song-Kia, il laissa par
mégarde tomber sa bourse, et continua son
chemin.

Le lendemain matin, un pauvre laboureur
nommé Chi-Yeou, qui demeure dans cette
ville, allant travailler à la terre, près de la
montagne Song-Kia, trouva la bourse. Il ne
pensa point à en profiter, mais il voulut la
rendre; c'est pourquoi il resta tout le jour
à son travail, attendant que celui à qui elle
appartenait vînt la chercher. Personne ne
parut. Sur le soir, il retourne à sa maison,
montre à sa femme, nommée Sin, une bourse
pleine d'argent, et lui raconte le fait. « Oh!
« dit-elle aussitôt, il ne faut pas garder cet
« argent; il ne nous appartient pas : j'aime
« mieux vivre dans la pauvreté que d'avoir
« du bien d'autrui. Demain, tâche de dé-
« couvrir celui qui a perdu cette bourse, et
« ne manque pas de la lui rendre. »

D'une autre part, Tching-Tai, étant arrivé à l'auberge, fut fort étonné de ne plus
trouver sa bourse; mais ignorant en quel
endroit elle était tombée, et persuadé que

ce serait en vain qu'il irait la chercher, il avait fait promptement afficher aux portes et aux carrefours de la ville plusieurs billets dans lesquels il marquait qu'un tel, logé dans une telle auberge, avait perdu la veille une bourse contenant telle quantité d'argent ; qu'il priait instamment celui qui l'avait trouvée de vouloir bien la lui remettre, et qu'il consentait de bon cœur de partager avec lui tout l'argent qui s'y trouverait.

Le laboureur Chi-Yeou eut connaissance de ce billet, et, sans hésiter, il alla trouver le capitaine de son quartier : « J'ai trouvé, « lui dit-il, une bourse. Faites appeler le « marchand de Chen-Si, amenez-le chez « moi ; je verrai, par les questions que je « lui ferai, si c'est la bourse dont il s'agit. » Le marchand vint ; Chi-Yeou le questionna sur l'extérieur de la bourse, sur l'enveloppe de l'argent ; sur la quantité, sur la forme, sur le titre ; et, par les exactes réponses du marchand, il jugea qu'en effet la bourse lui appartenait, et il la lui remit entre les mains.

Tching-Tai, transporté de joie, ouvre la

bourse, tire l'argent et dit : « J'ai déclaré
« dans mon billet que je partagerais cet
« argent avec celui qui me rendrait ma
« bourse : je veux tenir ma parole, cela
« est juste ; ainsi partageons. — Non, dit le
« laboureur, je n'ai aucun droit sur cet
« argent ; il est tout à vous, je n'en veux
« rien recevoir. » Cependant Tching-Tai,
sans l'écouter, lui en sépare quatre-vingt-cinq
onces et les lui présente : Chi-Yeou les re-
fuse. Le marchand fait de nouvelles instances
pour les lui faire accepter, mais inutilement.
Tout cela se passait à la porte du pauvre
Chi-Yeou, et plusieurs des voisins étaient
témoins de cette admirable contestation.

Enfin Tching-Tai, voyant que Chi-Yeou
ne voulait pas absolument recevoir les quatre-
vingt-cinq onces d'argent qu'il lui présentait, et souhaitant lui marquer sa reconnaissance, prend un autre moyen ; il met d'un
côté cent sept onces, et d'un autre côté
soixante-trois. « Je ne vous dissimulerai pas,
« lui dit-il, que, pour les cent sept onces
« d'argent, je les ai empruntées pour mon

« commerce. Quant à ces soixante-trois
« onces, elles m'appartiennent réellement;
« ainsi je vous prie de les prendre sans dif-
« ficulté. — Non, dit Chi-Yeou, je n'ai pas
« plus de droit sur les soixante-trois onces
« que sur le reste : emportez tout, tout vous
« appartient. »

Tous ceux qui étaient présents furent remplis d'admiration, et, charmés d'un acte de
vertu si singulière, ils coururent ensemble
au tribunal du gouverneur de la ville, pour
l'avertir de ce qui s'était passé. Le gouverneur, ravi qu'une si belle action fût arrivée
dans son gouvernement, a appelé des témoins, s'est informé de la vérité du fait, et
en a averti le vice-roi de la province de *Ho-
Han*. Celui-ci a sur-le-champ envoyé cinquante onces d'argent au laboureur Chi-
Yeou, pour récompenser sa vertu et celle
de sa femme; il leur a donné en même
temps un tableau pour être suspendu sur la
porte de leur maison, où sont inscrits ces
mots : *Mari et femme illustres par le désintéressement et la sincérité.* Ensuite il a recom-

mandé au trésorier général de la province de faire décrire ce fait, d'en envoyer des copies partout, afin qu'il soit affiché aux portes et aux carrefours des grandes et des petites villes de la province, et que le peuple soit excité par cet exemple à suivre la voie de la perfection. Enfin il a ordonné au gouverneur de la ville de *Mong-Sing* d'élever un monument de pierre près de la maison de ce laboureur, sur lequel cette belle action serait gravée, pour en conserver un éternel souvenir, et rendre les habitants de ce pays-là plus attachés à la pratique de la vertu. Le vice-roi a même cru qu'elle méritait de parvenir jusqu'aux oreilles de l'empereur.

L'empereur, ayant appris cette action, parut en ressentir beaucoup de joie, et, profitant de cette occasion pour exhorter tout l'empire à la réformation des mœurs, il écrivit de sa propre main une instruction qui fut envoyée par son ordre dans toutes les provinces, avec le mémorial du vice-roi, où il déclare qu'il fait le laboureur Chi-Yeou mandarin honoraire du septième ordre ;

qu'il aura le droit d'en porter l'habit et le bonnet, et, de plus, qu'il lui donne cent onces d'argent pour preuve de son estime et pour exciter les autres à imiter son exemple.

Maximes de morale chinoise.

Dans toutes les occasions qui se présentent de parler ou d'agir, faites-le doucement, posément. La plupart de nos fautes ont pour principe des manières trop vives ou trop empressées. Votre contenance doit être grave et vos paroles mesurées : un extérieur léger et volage n'attire que du mépris ou des railleries.

Si vous êtes obligé de donner un avis ou de faire une réprimande, n'usez jamais de paroles dures et piquantes; le fruit de votre colère serait d'irriter les esprits, et non pas de les corriger.

Voulez-vous être un homme de bien ? cherchez un bon ami, reconnaissez de bonne foi vos fautes, et n'ayez jamais recours au mensonge pour les déguiser.

Quand vous avez à traiter avec un grand, étudiez son air et sa contenance : s'il vous écoute froidement, si vos demandes paraissent lui déplaire, n'allez pas plus loin.

Ne parlez jamais des fautes d'autrui, et ne faites point le personnage de plaisant ; car, outre les plaintes et les murmures que vous vous attirerez, vous perdrez encore ces grâces naturelles qui rendent un homme aimable dans la société.

On vous voit tout à coup paraître dans une compagnie, et, aussitôt que vous êtes entré, vous saisissez la parole, vous vous rendez maître de la conversation, et il faut que tout le monde se taise pour vous écouter. Quelle impolitesse ! qui êtes-vous ? et qu'avez-vous appris pour faire ainsi la leçon aux autres ! les grosses cloches sonnent rarement, et les vases pleins ne résonnent guère.

Puisque l'homme vit sur la terre, il y a une manière d'y être, et l'inégalité des conditions y devient nécessaire : si chacun voulait se reposer ou se divertir, qui vous nourrirait ?

La tête, le visage, les mains, les pieds sont les quatre sortes de beauté d'une femme, mais c'est la modestie qui doit relever ces qualités naturelles : il faut qu'elle règne dans son air, dans son maintien, dans ses regards, dans ses paroles, dans ses gestes. Si vous parlez sans réflexion, si vous vous agitez au moindre mot que vous dites, si vous gesticulez sans cesse, on vous prendra pour une femme de théâtre.

Souvenez-vous que, dans le fond, un boisseau de perles ne vaut pas une mesure de riz. Plus vous chargez les soieries de fleurs et d'ornements, plus vous avez de peine à les découdre et à les laver. A quoi bon broder vos habits des figures de tant de fleurs et de tant d'oiseaux différents? la propreté et la simplicité doivent en faire toute la beauté. Les ornements n'ajoutent rien au mérite et à la vertu : une femme qui n'a ni adresse ni esprit, fût-elle couverte d'or et d'argent, eût-elle la tête chargée de perles et de poinçons d'or, est bien au-dessous d'une femme de mérite qui n'est vêtue que de toile, et dont les ornements de tête sont des plus simples.

Un grain de riz, un bout de fil, tout nous vient de la sueur des pauvres : les assister dans leurs besoins, c'est une vertu secrète; dissiper son bien mal à propos, c'est un vice public.

Ne soyez point de ces railleurs éternels qui aiment mieux perdre un ami que de perdre ce qu'ils croient être un bon mot. Songez que telle raillerie est souvent plus offensante qu'un terme injurieux : celui-ci est ordinairement l'effet d'un mouvement de colère dont on revient et dont on se repent; celle-là est le plus souvent un signe de mépris dont presque toujours on s'applaudit et dont on ne se corrige guère.

Vous avez une secrète aversion pour les gens de bien; le commerce et la conversation des personnes sages vous sont insupportables : preuve certaine de la dépravation de votre cœur et du déréglement de votre esprit. Vous êtes richement vêtu, vous montez des chevaux fins et superbement enharnachés, rien ne trouble votre repos, votre table abonde en mets délicieux, vous nagez dans la joie et les plaisirs : la mort viendra vous surprendre au milieu même de vos délices, et vous ferez dire aux passants : De qui était fils ce jeune homme?

S'il vous arrive quelque désastre et quelque grand malheur et que vous n'aperceviez point d'issue pour en sortir, conformez-vous à l'ordre du ciel : vous plaindre, soupirer, vous lamenter, frapper la terre du pied, ce n'est point diminuer le mal, c'est l'augmenter.

Oubliez les services que vous avez rendus, c'est aux autres à s'en ressouvenir ; ne faites pas remarquer les beaux endroits qui vous distinguent du commun des hommes, c'est aux autres à s'en apercevoir : la pêche et là prune ne parlent point, elles laissent naturellement des traces de ce qu'elles valent.

Aimez-vous les choses douces? commencez par celles qui sont aigres. Cherchez-vous le repos et le plaisir? goûtez d'abord de la fatigue et du travail.

La ruine suit le gain de fort près, et le malheur est à la queue de la bonne fortune : celui-là seul vit tranquille qui se contente d'une honnête médiocrité.

L'esprit doit gouverner le corps : qu'un homme est malheureux quand il se laisse dominer par ses passions et par ses désirs déréglés ! Vous voyez ce grand homme, c'est un héros qui n'a point son semblable parmi nos guerriers ; son nom fait trembler la terre ; il a passé les quatre mers ; il a tout vaincu ; il est le seul qu'il n'ait pu vaincre, puisqu'il est l'esclave de son corps.

Une des meilleures actions que nous puissions faire en ce monde, c'est de secourir les affligés et d'aider les indigents. Si le ciel n'envoyait point de calamités sur la terre, quelle occasion aurions-nous d'exercer la miséricorde ?

Que dire de ce personnage qui ne sait presque rien et qui ne connaît qu'imparfaitement la nature des choses et les vrais principes de la morale, que cependant on voit paraître tête levée, ouvrant de grands yeux, se rengorgeant, avançant la poitrine, marchant fièrement et à pas comptés? Est-il un objet plus digne de compassion? Fût-il cent ans sur la terre, on ne pourra jamais dire de lui qu'il ait vécu un jour.

Votre voisin est parvenu à une haute fortune, l'or et l'argent fondent dans sa maison, tout lui prospère et vous en mourez de dépit; un autre gémit sous le poids de l'affliction qui l'accable, et vous en ressentez au fond de l'âme une joie secrète : tristes effets de la malignité et de la bassesse de votre cœur.

Il y a trois choses qu'il faut toujours avoir devant les yeux : la loi du ciel, la loi de l'empire et l'honneur du prochain : si vous négligez ces trois articles, n'espérez pas de vivre tranquille en quelque endroit que vous alliez.

Si vous voyez qu'un homme se repente du mal qu'il a fait, ne poussez pas plus loin la réprimande : s'il est confus de sa faute, regardez-la comme effacée : s'il s'humilie, n'appuyez pas le bras sur lui pour le renverser par terre.

L'homme le plus adroit, le plus ingénieux et le plus capable de réussir, est celui qui sait mieux prendre patience dans l'adversité. Du milieu de ces gens que l'indigence a réduits à vous rendre les services les plus bas, sont sortis des héros du premier ordre : nos pères les ont vus, et nous en voyons encore aujourd'hui.

L'étude, la science et la vertu font briller les familles, l'application et l'économie servent à les gouverner; la complaisance et l'esprit pacifique, à les tenir dans l'union ; la tranquillité et la conformité à la raison, à les y conserver.

Si vous entreprenez une affaire, examinez auparavant comment vous pourrez la terminer : si vous voulez établir un règlement, voyez comment vous pourrez le faire observer.

Quand la maison est dans l'indigence, on reconnaît le fils obéissant : quand le royaume est dans le trouble, on connaît le sujet fidèle.

Quand vous payez vos dettes, souvenez-vous du temps où vous étiez obligé d'emprunter ; quand vous êtes riche, souvenez-vous du temps où vous étiez pauvre ; quand vous devenez pauvre , ne pensez pas au temps où vous étiez riche.

Des caractères chinois (1705).

Les caractères chinois ne sont hiéroglyphiques qu'improprement et n'ont pas été institués plutôt pour le sacré que pour le profane ; ce sont des signes arbitraires qui nous donnent l'idée d'une chose, non par aucun rapport qu'ils aient avec la chose signifiée , mais parce qu'on a voulu par tel signe signifier telle chose, sans égard aux sons avec lesquels on les prononce ; de sorte que les différentes nations qui, dans la suite, se sont servies des caractères chinois, comme les Japonais, les Coréens, les Tong-Kinois, les lisent avec les sons de leur langue particulière et y attachent le même sens que les Chinois. Ces signes sont tellement arbitraires, que souvent on peut changer le nombre des traits et leur configuration extérieure sans en altérer le sens.

Les caractères chinois furent inventés par *Tsang-Kiai*, qui vivait deux mille ans avant Jésus-Christ.

Chinois réputés infâmes.

Il y a des personnes à la Chine qui sont infâmes, non d'origine, mais par la profession qu'elles exercent : ils ne peuvent être reçus mandarins, et le peuple même ne contracte point d'alliance avec eux. Tels sont les comédiens qui jouent sur un théâtre public, les ministres de débauche, les corrupteurs de la jeunesse, les geôliers, et ceux qui, dans les tribunaux, donnent la bastonnade aux coupables, quand la sentence du juge l'ordonne.

Il y a encore une espèce de gens infâmes qu'on appelle *to-min* : on ne les trouve que dans la province de *Tche-Kian*, surtout dans la ville de *Chao-King*, où on les oblige d'habiter dans une rue séparée. Il ne leur est permis d'exercer que le plus vil et le plus petit commerce, tel que celui de vendre des grenouilles et des petits pains sucrés pour les enfants, de jouer de la trompette devant les morts quand on les porte en terre. Il leur est défendu d'aller aux examens pour prendre des grades et devenir mandarins. Quand on impose de dures corvées sur le peuple de la ville, on les fait faire à ces malheureux, que chacun maltraite impunément. On ne s'allie point avec eux ; leurs femmes ont à leurs tabliers une marque qui les distingue des autres : ce sont les seules qui traitent des mariages et qui aient entrée chez toutes les dames qui ont des fils ou des filles à marier ; ce sont elles qui accompagnent l'épouse quand elle se rend à la maison de son époux ; elles gagnent plus ou moins, à proportion du talent qu'elles ont de tromper les deux parties, qui ne se voient que le jour de leur mariage, sur les défauts que l'on n'aperçoit pas du premier coup d'œil.

Du fleuve Yang-Tse-Kiang, et autres curiosités chinoises.

Le Nil disparaît ou n'est plus qu'un ruisseau, si on le compare au grand fleuve *Yang-Tse-Kiang*, qui traverse toute la Chine (1). Que l'on jette un coup d'œil sur la carte de cet empire et que l'on considère ce fils de la mer, comme l'appellent les Chinois, pendant un cours de quatre cents lieues depuis sa source jusqu'à son embouchure ; que l'on fasse attention à sa largeur, à sa profondeur, aux lacs qu'il forme ou qu'il traverse, dont un entre autres a quatre-vingts lieues de circuit, aux grandes villes qu'il baigne et enrichit ; à cette multitude de barques et de vaisseaux qui le couvrent, et qui sont autant de villes flottantes remplies de marchands et de peuples qui vivent tous à ses dépens. Il ne se déborde point, il est vrai, comme le Nil ; mais il fournit à

(1) Ce fleuve prend sa source dans les monts Daga, qui séparent le Grand-Thibet du désert de Cobi et de la Calmoukie.

droite et à gauche une infinité de canaux qui arrosent les campagnes voisines, autant et selon qu'on le juge à propos, ce qui est bien plus avantageux qu'un débordement annuel qu'on ne saurait régler, tantôt précoce, tantôt tardif, selon le plus ou le moins de pluie qui tombe à sa source.

Si les savants d'Europe pouvaient parcourir toute la Chine, à ne considérer même que sa surface, combien de choses curieuses dont on n'a encore rien dit ne trouveraient-ils pas ! Que serait-ce s'il leur était permis de la labourer, nord et sud, est et ouest, d'y creuser, d'y fouiller ! Combien ne trouveraient-ils pas d'inscriptions sur des pierres, sur des marbres, ou sur des monuments antiques, ensevelis par des tremblements de terre, qui ont été si fréquents à la Chine, et d'une violence jusqu'à aplanir des montagnes et à engloutir des villes entières, comme l'histoire en fait foi !

Outre les mines que l'on y connaît déjà, combien d'autres s'y découvriraient par la sagacité européenne ! Ce serait un sujet tout neuf qui donnerait de l'occupation à nos savants pour plus d'un siècle, et pendant ce temps-là ils laisseraient en repos les Phéniciens, les Égyptiens, les Chaldéens, les Grecs, et d'autres nations qui ont tenu un rang considérable et qui ne sont plus rien.

Précis du voyage du Frère Attiret (1) *de Macao à Péking* (1742).

Je vous parlerai d'abord de mon voyage de Macao ici. Nous y sommes venus appelés par l'empereur, ou plutôt avec sa permission. On nous donna un officier pour nous conduire, et l'on nous fit accroire que l'on nous défraierait; mais on ne le fit qu'en paroles, et, à peu de chose près, nous voyageâmes à nos dépens. La moitié de ce voyage se fait dans des barques; on y mange, on y couche, et ce qu'il y a de singulier, c'est que les honnêtes gens n'osent ni descendre à terre ni se mettre aux fenêtres de la barque pour voir le pays par où l'on passe.

(1) Le Frère Attiret, Jésuite, était peintre au service de l'empereur de la Chine *Kien-Long*.

Le reste du voyage se fait dans une espèce de cage qu'on veut bien appeler litière; on y est enfermé pendant toute la journée : le soir, la litière entre dans l'auberge, et encore quelle auberge! de façon qu'on arrive à Péking sans avoir rien vu, et la curiosité n'a pas été plus satisfaite que si l'on avait toujours été enfermé dans une chambre.

Au reste, tout le pays qu'on trouve sur cette route est assez mauvais; et, quoique le voyage soit de six ou sept cents lieues, on n'y rencontre rien qui mérite attention, et l'on ne voit ni monuments ni édifices, si ce n'est quelques temples d'idoles, qui sont des bâtiments de bois à rez-de-chaussée, dont tout le prix et toute la beauté consistent en quelques mauvaises peintures et quelques vernis fort grossiers. En vérité, quand on a vu ce que l'Italie et la France ont de monuments et d'édifices, on n'a plus que de l'indifférence et du mépris pour tout ce que l'on voit ailleurs.

Il faut en excepter cependant le palais de l'empereur à Péking et ses maisons de

plaisance; car tout y est grand et véritablement beau, soit pour le dessin, soit pour
l'exécution; et j'en suis d'autant plus frappé,
que nulle part rien de semblable ne s'est
offert à mes yeux.

Le palais est au moins de la grandeur de
la ville de Dijon : il consiste en général dans
une grande quantité de corps de logis détachés les uns des autres, mais dans une belle
symétrie, et séparés par de vastes cours, par
des jardins et des parterres. La façade de
tous ces corps de logis est brillante par la
dorure, le vernis et les peintures : l'intérieur
est garni de tout ce que la Chine, les Indes
et l'Europe ont de plus beau et de plus précieux.

Pour les maisons de plaisance, elles sont
charmantes : elles consistent dans de vastes
terrains où l'on a élevé à la main de petites
montagnes, hautes depuis vingt jusqu'à
soixante pieds, ce qui forme une infinité de
petits vallons; des canaux d'une eau claire
arrosent le fond de ces vallons, et vont se
rejoindre en plusieurs endroits pour former

des étangs et des lacs. On parcourt ces canaux, ces étangs et ces lacs sur de belles et
magnifiques barques : j'en ai vu une de
treize toises de longueur et de quatre de largeur, sur laquelle était une superbe maison.
Dans chacun de ces vallons, sur le bord des
eaux, sont des bâtiments parfaitement as-
sortis de plusieurs corps de logis, de cours,
de galeries ouvertes et fermées, de jardins,
de parterres, de cascades, etc., ce qui fait
un assemblage dont le coup d'œil est admirable.

On sort d'un vallon, non par de belles
allées droites comme en Europe, mais par
des zigzags, par des circuits qui sont ornés
de petits pavillons, de petites grottes, au
sortir desquelles on retrouve un second vallon tout différent du premier, soit pour la
forme du terrain, soit pour la structure des
bâtiments.

Toutes les montagnes et les collines sont
couvertes d'arbres, surtout d'arbres à fleurs,
qui sont ici très-communs; c'est un vrai
paradis terrestre. Les canaux ne sont point,

comme chez nous, bordés de pierres de taille tirées au cordeau, mais tout rustiquement, avec des morceaux de roche, dont les uns avancent, les autres reculent, et qui sont posés avec tant d'art qu'on dirait que c'est l'ouvrage de la nature. Tantôt le canal est large, tantôt il est étroit; ici il serpente, là il fait des coudes, comme si réellement il était poussé par les collines et par les rochers : les bords en sont semés de fleurs qui sortent des rocailles, et qui paraissent y être l'ouvrage de la nature : chaque saison a les siennes.

Outre les canaux, il y a partout des chemins, ou plutôt des sentiers qui sont pavés de petits cailloux et qui conduisent d'un vallon à l'autre : ces sentiers vont aussi en serpentant; tantôt ils sont sur le bord des canaux, tantôt ils s'en éloignent.

Arrivé dans un vallon, on aperçoit les bâtiments : toute la façade est en colonnes et en fenêtres; la charpente en est dorée, peinte, vernissée; les murailles en sont de brique grise bien taillée, bien polie; les toits couverts de tuiles vernissées, rouges, jaunes, bleues, vertes, violettes, qui, par leur mélange et leur arrangement, font une agréable variété de compartiments et de dessins. Ces bâtiments n'ont presque tous qu'un rez-de-chaussée, élevé de terre de deux, quatre, six ou huit pieds; quelques-uns ont un étage : on y monte, non par des degrés de pierre façonnés avec art, mais par des rochers qui semblent être des degrés taillés par la nature.

Les appartements intérieurs répondent parfaitement à la magnificence du dehors; outre qu'ils sont très-bien distribués, les meubles et ornements y sont d'un goût exquis et d'un très-grand prix. On trouve dans les cours et dans les passages des vases de marbre, de porcelaine, de cuivre, pleins de fleurs. Au-devant de quelques-unes de ces maisons, au lieu de statues immodestes, on a placé sur des piédestaux de marbre des figures en bronze ou en cuivre d'animaux symboliques, et des urnes pour brûler des parfums.

Plusieurs de ces maisons sont bâties de bois de cèdre, que l'on amène ici de plus de cinq cents lieues. Il y en a plus de deux cents, sans compter les logements des eunuques.

L'endroit où loge l'empereur et où logent en même temps l'impératrice, toutes ses femmes, les femmes de chambre, les eunuques, est un assemblage prodigieux de bâtiments, de cours, de jardins, etc. Les autres palais ne sont guère que pour la promenade, le dîner et le souper. Le logement ordinaire de l'empereur est immédiatement après les portes d'entrée, les premières salles, les salles d'audience, les cours et les jardins. Il forme une île; il est entouré de tous les côtés d'un large et profond canal, et l'on pourrait l'appeler un sérail. C'est dans les appartements qui le composent qu'on voit tout ce qu'on peut imaginer de plus beau en fait de meubles, d'ornements, de peintures dans le goût chinois, de bois précieux, de vernis du Japon et de la Chine, de vases antiques de porcelaine, de soieries, d'étoffes d'or et d'argent : on a réuni là tout ce que l'art et le bon goût peuvent ajouter aux richesses de la nature.

De ce logement de l'empereur, le chemin conduit presque tout droit à une petite ville bâtie au milieu de tout l'enclos : l'étendue en est d'un quart de lieue en tout sens ; elle a ses quatre portes aux quatre points cardinaux, ses tours, ses murailles, ses parapets, ses créneaux, ses rues, ses places, ses temples, ses halles, ses marchés, ses boutiques, ses tribunaux, ses palais, son port, enfin tout ce qui se trouve en grand dans la capitale de l'empire, s'y trouve en petit.

Cette ville, sous le règne de l'empereur régnant, comme sous celui de son père qui la fit bâtir, est destinée à faire représenter par les eunuques, plusieurs fois l'année, tout le commerce, tous les marchés, tous les arts, tous les métiers, tout le fracas, toutes les allées et venues, et même les friponneries des grandes villes. Au jour marqué, chaque eunuque prend l'habit de l'état et de la profession qui lui sont assignés. L'un est marchand, l'autre artisan ; celui-ci est

un soldat, celui-là est un officier; on donne
à l'un une brouette à pousser, à l'autre des
paniers à porter; enfin chacun a ce qui distingue sa profession. Les vaisseaux arrivent
au port, les boutiques s'ouvrent; on étale les
marchandises : un quartier est pour la soie,
un autre quartier pour la toile; une rue
pour les porcelaines, une autre pour les vernis : tout est distribué. Chez celui-ci on
trouve des meubles; chez celui-là des habits,
des ornements pour les femmes; chez un
autre, des livres pour les savants et les curieux. Il y a des cabarets pour le thé et pour
le vin, des auberges pour les gens de tout
état. Des colporteurs vous présentent des
fruits de toute espèce, des rafraîchissements
en tout genre. Là tout est permis; on y distingue à peine l'empereur du dernier de ses
sujets. Chacun annonce ce qu'il porte. On
s'y querelle, on s'y bat : c'est le vrai tracas
des halles. Les archers arrêtent les querel-
leurs; on les conduit aux juges assis sur leur
tribunal : la dispute est examinée et jugée;
on condamne à la bastonnade; et quelque-

fois un jeu se change, pour le plaisir de l'empereur, en quelque chose de trop réel pour le patient.

Les filous ne s'oublient pas dans cette fête. Cet emploi est confié à un bon nombre d'eunuques qui s'en acquittent à merveille.

Cette foire n'a lieu que pour le plaisir de l'empereur, de l'impératrice et des autres femmes. Il est rare qu'on y admette quelques princes ou quelques grands; et, s'ils y sont admis, c'est quand les femmes se sont retirées. Les marchandises qu'on y étale et qu'on y vend appartiennent en grande partie aux marchands de Péking, qui les confient aux eunuques pour les vendre réellement : ainsi tous les marchés ne sont pas feints et simulés. L'empereur achète toujours beaucoup, au plus haut prix possible; les femmes achètent de leur côté, et les eunuques aussi. Tout ce commerce, s'il n'y avait rien de réel, manquerait de cet intérêt piquant qui rend le fracas plus vif et le plaisir plus solide.

De la fête des lanternes à la Chine.

Il y a à la Chine une fête fameuse appelée *la fête des lanternes*. Il n'y a point de Chinois si pauvre qui ce jour-là n'allume quelques lanternes : on en fait et on en vend de toutes sortes de figures, de grandeur et de prix. Ce jour-là toute la Chine est illuminée; mais nulle part l'illumination n'est si belle que chez l'empereur, et surtout dans sa maison de plaisance. Il n'y a point de chambre, de salle, de galerie où il n'y ait plusieurs lanternes suspendues au plancher : il y en a sur tous les canaux, sur tous les bassins, en façon de petites barques que les eaux emportent et ramènent; il y en a sur les montagnes, sur les ponts et à presque tous les arbres : elles sont toutes d'un travail fin et délicat, en figures de poissons, d'oiseaux, d'animaux, de vases, de fruits, de fleurs, de barques, et de toutes grandeurs; il y en a de soie, de corne, de verre, de nacre, de toutes matières; il y en a de peintes, de brodées et de tous prix; j'en ai vu qui devaient coûter plus de mille écus. Je ne finirais pas si je voulais en marquer toutes les formes, les matières et tous les ornements : c'est en cela, et dans la variété que les Chinois donnent à leurs bâtiments, que j'admire la fécondité de leur esprit. Je serais tenté de croire que nous sommes pauvres et stériles en comparaison.

De la cire d'arbre, production de la Chine.

La Chine produit une cire sans comparaison plus belle que la cire d'abeilles. On la recueille sur des arbres : aussi les Européens qui en ont eu connaissance les premiers, l'ont-ils appelée *cire d'arbre*; mais les Chinois l'appellent *pé-la*, ou cire blanche, parce qu'elle est blanche de sa nature, et pour la distinguer de la cire d'abeilles, qu'ils ne blanchissent pas. Le pé-la est produit par le concours d'une sorte d'arbres et d'une espèce de petits insectes. Tous les arbres ne sont pas propres à porter du pé-la. Les Chinois en connaissent deux espèces : l'une, qui tient de la nature du buisson, et qui peut

mieux supporter que l'autre une grande sé-
cheresse; l'autre espèce est plus grande, et
devient un plus bel arbre dans les endroits
humides que dans les endroits secs. On
nomme la première espèce *kan-la-chu*.

Non-seulement ces arbres ne portent pas
la cire sans être mis en œuvre par des insectes fort petits, mais encore ces insectes ne
se trouvent pas d'eux-mêmes sur ces arbres;
il faut les y appliquer. Rien au reste de plus
facile et de plutôt fait, et quand on en a
garni un, c'est pour toujours. Au commencement de l'hiver, sur les arbres qui ont
porté de la cire, on voit croître de petites
tumeurs qui vont toujours en croissant jusqu'à ce qu'elles soient de la grosseur d'une
petite noisette; ce sont autant de nids des
insectes, remplis de leurs œufs. Quand au
printemps la chaleur est parvenue à faire
épanouir les fleurs de l'arbre, elle fait aussi
éclore les petits insectes; c'est le temps propre à appliquer des nids aux arbres qui n'en
ont pas. On fait des paquets de paille; sur
chaque paquet on met sept ou huit nids; on

attache les paquets aux branches inclinées, préférant celles qui sont de la grosseur du doigt et dont l'écorce est vive et moins ridée ; on place ces nids immédiatement sur l'écorce. Si l'arbrisseau est haut de cinq pieds, il peut supporter un ou deux paquets pour chacun de ses troncs, et à proportion s'il est plus grand ou plus petit. La trop grande quantité d'insectes pourrait l'épuiser en deux ou trois ans.

A peine les insectes renfermés dans les paquets ont-ils commencé d'éclore, qu'ils courent sur les branches et sur les feuilles, où ils cherchent une ouverture pour entrer dans l'arbre. Après y avoir pénétré entre l'écorce et le bois, ou plutôt dans la pellicule de l'écorce, on en voit s'élever la cire comme un duvet qui s'épaissit de plus en plus pendant l'été, et qui couvre de tous côtés les insectes et les défend à la fois du chaud, de la pluie et des fourmis.

C'est après les premières gelées blanches de septembre que se fait la récolte de cette cire. On la détache avec les doigts sans aucune difficulté. Quand elle est purifiée, elle est très-blanche, luisante, et a de la transparence presque jusqu'à l'épaisseur d'un pouce. Elle est portée à la cour pour les usages de l'empereur et des plus grands mandarins. Si l'on en mêle une once avec une livre d'huile, ce mélange prend de la consistance et forme une cire peu inférieure à la cire ordinaire. Enfin, la cire d'arbre est employée à guérir plusieurs maladies ; appliquée sur une plaie, elle fait renaître les chairs en peu de temps. Il est des Chinois qui, lorsqu'ils doivent parler en public pour défendre leur cause contre les mandarins, en mangent une once pour prévenir ou guérir les défaillances et palpitations du cœur.

Goût de l'empereur Kien-Long pour les arts ; travaux des missionnaires pour le satisfaire (1754).

IL faut être en Chine, et y être pour la gloire de Dieu, pour venir à bout d'exécuter tout ce qu'on y fait. Ceux de nos habiles artistes d'Europe qui ont des fantaisies, et qui ne veulent travailler qu'à leur manière, et dans le temps qu'il leur plaît, devraient venir passer ici quelque temps; ils seraient, à coup sûr, guéris radicalement de tous leurs caprices, après quelques mois de noviciat à la cour de Péking.

Depuis que les missionnaires sont établis ici, il n'y a eu aucun empereur qui ait plus profité de leurs services que l'empereur régnant, et il n'y en a aucun qui les ait plus maltraités et qui ait rendu contre la religion chrétienne de plus foudroyants arrêts. Ce fut pour lui complaire néanmoins que le feu Père Châlier inventa la fameuse horloge des veilles, ouvrage qui, en Europe même, passerait pour une merveille; que le Père Benoît exécuta, il y a quelques années, la célèbre machine du Val de Saint-Pierre, pour alimenter les plus variés et les plus agréables jets d'eau qui embellissent les environs du palais européen de l'empereur; que le Père Brossard a fait, en genre de verrerie, des ouvrages du meilleur goût et de la plus difficile exécution, ouvrages qui brillent aujourd'hui dans la salle du trône avec ce qui est venu de plus beau de France et d'Angleterre. C'est encore pour lui complaire et obéir à ses ordres, que le Père Thibaut vient de terminer heureusement un automate qui doit être de figure humaine, et qui doit marcher à la manière des hommes. S'il y réussit, comme il y a lieu de l'espérer de son génie et de son talent pour ces sortes de choses, il n'est pas douteux que l'empereur ne lui ordonne de douer son automate des autres facultés animales : *Tu l'as fait marcher, tu peux bien*, lui dira-t-il, *le faire parler*. Dès qu'il a donné ses ordres, il faut que tout se fasse et rien ne doit être impossible. A force de s'entendre donner le titre pompeux de Fils du Ciel, il se persuade qu'il en est quelque chose, et, donnant à ce beau nom une signification plus étendue que celle qu'on lui attribue ordinairement, il n'est pas éloigné de croire qu'il doit participer à la puissance céleste. Il n'est sorte de proposition à laquelle on ne doive s'attendre de sa part. Aucun talent n'est à négli-

ger par ceux qui sont à son service, parce
que, lorsqu'on s'y attend le moins, on est
appelé ou pour une chose ou pour une autre.
Les goûts de ce prince varient, pour ainsi
dire, comme les saisons : il a été pour la musique et pour les jets d'eau : il est aujour-
d'hui pour les machines et pour les bâtiments. Il n'est guère que la peinture pour
laquelle son goût n'ait pas encore changé :
les mêmes goûts peuvent lui revenir, et nous
devons toujours nous tenir sur nos gardes
pour n'être pas pris au dépourvu.

Les Européens qui sont à la cour ne doivent ignorer de rien, à en juger par la conduite qu'on tient à leur égard. S'il se trouve
dans les magasins de l'empereur quelque
machine, quelque instrument, quelque mi-
néral ou quelque drogue dont on ne con-
naisse ni l'usage ni le nom, c'est à nous
qu'on s'adresse pour être instruit; si de
quelque pays du monde on a apporté quelque chose de précieux et d'inconnu, c'est
nous encore qui devons les mettre au fait;
comme si le titre de Français ou d'Euro-

péens au service de l'empereur était une enseigne de la connaissance universelle de tout
ce qui vient des pays étrangers.

Sans compter les services réels que les
missionnaires rendent à l'État en y faisant
fleurir l'astronomie, qui est le premier objet de la politique des Chinois et
le point capital de leur gouvernement;
car, selon leur idée, sans le calendrier, et
sans le calcul exact des éclipses, la grandeur de leur empire s'éclipserait bientôt;
sans compter, dis-je, ces services, nous
avons fait et nous faisons tous les jours,
chacun selon nos faibles talents, ce qui
nous aurait paru bien au-dessus de nos
forces, si nous n'avions été animés de
motifs surnaturels, et dont certainement
nous ne serions jamais venus à bout sans
un secours spécial de la Providence. Cependant ce même prince, pour lequel nous
faisons humainement plus que nous ne
pouvons, est celui qui a massacré nos frères
dans les provinces, qui a proscrit notre
sainte religion avec le plus de rigueur, et

qui nous a réduits nous-mêmes à exercer les fonctions de notre ministère avec toutes sortes de précautions.

Cérémonies du mariage pratiquées à la Chine.

Au jour marqué pour la célébration du mariage, l'époux s'habille le plus magnifiquement qu'il lui est possible; et, tandis que ses parents sont assemblés dans le temple domestique des aïeux, qu'ils s'instruisent de ce qu'ils vont faire, il se met à genoux sur les degrés du temple, et, se prosternant la face contre terre, il ne se lève que lorsque le sacrifice est achevé.

Après cette cérémonie, on prépare deux tables, l'une vers l'orient pour le père de l'époux, l'autre vers l'occident pour l'époux lui-même. Le maître des cérémonies, qui est ordinairement un des parents, invite le père à prendre sa place; et, aussitôt qu'il est assis, l'époux s'approche du siége qui lui est préparé. Le maître des cérémonies lui présente alors une coupe pleine de vin, et l'ayant reçue à genoux, il en répand un peu sur la terre en forme de libation , et fait, avant de boire , quatre génuflexions devant son père, s'avance ensuite vers sa table , et reçoit ses ordres à genoux : « Allez, « mon fils, lui dit le père, allez chercher « votre épouse; amenez dans cette maison « une fidèle compagne qui puisse vaquer « avec vous aux affaires domestiques ; com- « portez-vous en toutes choses avec pru- « dence et avec sagesse. »

Le fils, se prosternant quatre fois devant son père, lui répond qu'il obéira. Incontinent après il sort; il entre dans une chaise qu'on tient prête à la porte de la maison : plusieurs domestiques marchent devant lui avec des lanternes, usage qu'on a conservé parce qu'autrefois les mariages se faisaient de nuit, et lorsqu'il est arrivé à la maison de l'épouse, il s'arrête à la porte de la seconde cour, et attend que son beau-père vienne pour l'introduire.

On observe à peu près les mêmes formalités dans la maison de l'épouse que celles dont on vient de parler. Ensuite l'épouse, que sa mère a elle-même parée de ses plus riches vêtements, se tient debout sur les degrés du portique, accompagnée de sa nourrice et d'une autre femme qui fait l'office de maîtresse des cérémonies; elle s'approche ensuite de son père et de sa mère, et les salue l'un et l'autre quatre fois. Elle salue également tous ses parents et leur dit le dernier adieu. Alors la maîtresse des cérémonies lui présente une coupe de vin, qu'elle reçoit à genoux : elle fait la libation ordinaire et boit le reste du vin; après quoi elle se met à genoux devant la table de son père, qui l'exhorte à se conduire avec beaucoup de sagesse et à obéir ponctuellement aux ordres de son beau-père et de sa belle-mère : après l'exhortation, sa nourrice la conduit hors de la porte de la cour, et sa mère lui met sur la tête une guirlande d'où pend un grand voile qui lui couvre le visage : « Ayez bon courage, ma fille, lui dit-elle; « soyez toujours soumise aux volontés de « votre époux, et observez avec exactitude « les usages que les femmes doivent pra-

« tiquer dans l'intérieur de leurs mai-
« sons, etc. » Les concubines de son père,
les femmes de ses frères, de ses oncles, et
les suivantes de ses sœurs, l'accompagnent
jusqu'à la porte de la première cour, en lui
recommandant de se souvenir des bons conseils qu'elle a reçus.

C'est toujours la femme légitime de son
père qui fait le personnage de mère dans cette
cérémonie ; pour sa mère naturelle, elle n'a
d'autre rang que celui de maîtresse des cérémonies, ou tout au plus de paranymphe.

Cependant le père de l'épouse va recevoir
l'époux, selon l'usage ordinaire, avec cette
différence que le gendre donne la main à
son beau-père : lorsqu'ils sont arrivés au
milieu de la seconde cour, l'époux se met à
genoux, et offre à son beau-père un canard
sauvage que portent les domestiques de ce
dernier à l'épouse, comme un nouveau
gage de son attachement; enfin les deux
époux se rencontrent pour la première fois;
ils se saluent l'un l'autre, et adorent à genoux le ciel, la terre et les esprits qui y pré-

sident. La paranymphe conduit ensuite l'épouse au palanquin qui lui est préparé, et qui est couvert d'une étoffe couleur de rose. L'époux lui donne la main, et entre dans un autre palanquin, ou bien monte à cheval. Il est à remarquer qu'il marche entouré d'une foule de domestiques qui, outre les lanternes dont j'ai parlé, portent tout ce qui sert à un ménage, comme lits, chaises, tables, etc.

Quand l'époux est arrivé à la porte de sa maison, il descend de cheval ou sort de sa chaise et invite son épouse à y entrer. Il marche devant elle et entre dans la cour intérieure, où le repas nuptial est préparé : alors l'épouse lève son voile et salue son mari; celui-ci la salue à son tour, et l'un et l'autre se lavent les mains, l'époux à la partie septentrionale, et l'épouse à la partie méridionale du portique. Avant de se mettre à table, l'épouse fait quatre génuflexions devant son mari qui, à son tour, en fait deux devant elle : ensuite ils se mettent à table tête à tête; mais, avant de boire et de manger, ils répandent un peu de vin en forme de libation, et mettent des viandes à part pour les offrir aux esprits; coutume qui se pratique dans tous les repas de cérémonie.

Après avoir un peu mangé et gardé un profond silence, l'époux se lève, invite son épouse à boire, et se remet incontinent à table; l'épouse pratique aussitôt la même cérémonie à son égard, et l'on apporte en même temps deux tasses pleines de vin; ils en boivent une partie, et mêlent ce qui reste dans une seule tasse pour le partager ensuite et achever de boire. Cependant le père de l'époux donne un grand repas à ses parents dans un appartement voisin : la mère de l'épouse en donne un autre dans le même temps à ses parentes et aux femmes des amis de son mari; de sorte que la journée se passe en festins. Le lendemain, la nouvelle mariée, vêtue de ses habits nuptiaux et accompagnée de son époux et de la paranymphe, qui porte deux pièces d'étoffes de soie, se rend dans la seconde cour de la maison, où le beau-père et la belle-mère, assis chacun à une table particulière, attendent sa visite. Les deux époux les saluent en faisant quatre génuflexions devant eux ; après quoi le mari se retire dans une chambre voisine. L'épouse met sur les deux tables les étoffes de soie, et s'incline profondément : elle prie son beau-père et sa belle-mère d'agréer son présent : elle se met ensuite à table avec celle-ci. Les uns et les autres font les libéralités ordinaires ; mais on ne sert aucun mets sur la table : ce n'est qu'une pure cérémonie par laquelle la belle-mère reçoit sa bru comme sa commensale.

Après cette visite, l'épouse va saluer tous les parents de son mari, et fait quatre génuflexions devant eux ; mais elle ne leur rend visite qu'après qu'elle a été introduite dans le temple domestique des aïeux, de la manière suivante :

On fait d'abord un sacrifice aux aïeux pour les instruire de la visite que la nouvelle mariée va leur rendre : pendant ce temps-là les deux époux se prosternent sur les degrés du temple, et ne se relèvent que lorsqu'on a tiré le voile sur les tablettes où sont écrits les noms des aïeux : ensuite, on introduit les mariés dans le temple, où, après plusieurs génuflexions, ils adressent à voix basse des prières aux esprits pour les engager à leur être propices. Cette cérémonie est comme le complément et la perfection des autres.

Tel est le mariage chez les Chinois. Les gens d'une condition médiocre ne pratiquent pas à la lettre toutes les formalités; ils en observent néanmoins une partie, celles surtout qui sont essentielles.

Des jardins chinois.

Les Chinois, dans l'ornement de leurs jardins, emploient l'art à perfectionner la nature avec tant de succès, qu'un artiste ne mérite des éloges qu'autant que son art ne paraît point, et qu'il a mieux imité la nature. Ce ne sont pas, comme en Europe, des allées à perte de vue, des terrasses où l'on découvre dans le lointain une infinité de magnifiques

objets, dont la multitude ne permet pas à
l'imagination de se fixer sur quelques-uns
en particulier. Dans les jardins de la Chine,
la vue n'est point fatiguée, parce qu'elle est
presque toujours bornée dans un espace proportionné à l'étendue des regards. Vous
voyez un ensemble dont la beauté vous frappe
et vous enchante ; et, après quelques cen-
taines de pas, de nouveaux objets se présentent à vous et vous causent une nouvelle
admiration.

Tous ces jardins sont entrecoupés de canaux qui serpentent entre des montagnes
factices, dans quelques endroits passent
par-dessus des rochers, y forment des cascades, et quelquefois, s'accumulant dans
des vallons, y forment des pièces d'eau qui
prennent le nom de lac ou de mer, suivant
leurs différentes grandeurs. Les bords irré-
guliers de ces canaux et de ces pièces d'eau
sont revêtus de parapets, mais bien différents des nôtres qui sont formés de pierres
taillées avec art ; ces parapets sont construits
de pierres qui paraissent toutes solidément

posées sur pilotis ; si l'ouvrier emploie quelquefois beaucoup de temps à les travailler, ce n'est que pour en augmenter les inégalités et leur donner une forme encore plus champêtre.

Sur les bords des canaux, ces pierres sont en différents endroits tellement situées, qu'elles forment des escaliers très-commodes pour pouvoir entrer dans les barques sur lesquelles on désire se promener entre les montagnes ; on a arrangé ces pierres en forme de rochers, quelquefois à perte de vue ; d'autres fois, malgré la solidité avec laquelle elles sont posées, elles paraissent menacer de tomber et d'écraser ceux qui s'en approchent ; d'autres fois encore elles forment des grottes qui, serpentant sous les montagnes, vous conduisent à des palais délicieux. Dans les entre-deux des rochers, tant sur le bord des eaux que sur les montagnes, on a ménagé des cavités qui paraissent naturelles ; de ces cavités sortent ici de grands arbres ; là des arbrisseaux qui, dans la saison, sont tout couverts de fleurs ;

dans d'autres on voit diverses sortes de fleurs qu'on a soin de renouveler selon les saisons.

Le palais de l'empereur est d'une étendue immense, et réunit dans son enceinte tout ce que les quatre parties du monde ont de plus recherché et de plus curieux. Outre ce palais, il y en a beaucoup d'autres dàns les jardins, situés les uns autour d'une vaste pièce d'eau ou dans des îles ménagées au milieu de ces lacs; les autres sur le penchant de quelque montagne ou d'un agréable vallon. On trouve quelques endroits destinés au blé, au riz et à d'autres espèces de grains. Pour labourer et cultiver ces terres, il y a des villages dont les habitants ne sortent jamais de leur enclos. On y voit aussi des espèces de rues formées par des boutiques qui servent en différents temps de l'année à réunir, comme dans une foire, ce que la Chine, le Japon et les contrées de l'Europe ont de plus précieux.

Il n'en est pas ici comme en France, où les palais et jardins des grands sont ouverts et presque publics. Ici, les princes du sang, les ministres d'État, les mandarins, n'entrent point dans les jardins impériaux, excepté ceux qui sont de la maison de l'empereur : quelquefois, ou pour la comédie, ou pour quelque autre spectacle, l'empereur y invite les princes du sang, les rois tributaires, etc. ; mais ils sont conduits uniquement à l'endroit auquel ils sont invités, sans qu'on leur permette de s'écarter et d'aller voir d'autres endroits du jardin.

C'est dans ces jardins que l'empereur, ayant voulu faire construire un palais européen, pensa à en orner tant le dedans que le dehors d'ouvrages hydrauliques.

Moyen employé par les missionnaires pour étendre dans la Chine le règne du christianisme. — Prêtres chinois (1754).

Les missionnaires de la Chine, pour n'être point connus, sont obligés de se vêtir à la mode du pays : mais eussent-ils le talent de prendre l'air, les manières, la démarche, et tout ce qui est le propre des

Chinois, on les distinguera toujours; ce qui a été sans doute jusqu'ici un très-grand obstacle à la conversion des Infidèles. Pour parer aux inconvénients qu'entraînent ces sortes de reconnaissances, on fait autant qu'on peut des prêtres du pays : les missionnaires les élèvent dès l'âge le plus tendre, leur apprennent la langue latine et les instruisent peu à peu dans le ministère. Quand ils ont atteint un certain âge, on en fait des catéchistes que l'on éprouve jusqu'à quarante ans, temps où on les ordonne prêtres. La maison des missions étrangères de Paris entretient un séminaire dans la capitale du royaume de Siam : c'est là particulièrement que l'on envoie les enfants chinois pour y faire leurs études, et se former au ministère évangélique : on en fait ordinairement de très-bons sujets. Ces prêtres de la nation, n'étant pas connus pour tels, peuvent faire beaucoup plus de fruit que les Européens (1) :

(1) Il est aujourd'hui question de faire des évêques chinois. Si cela réussit, les Européens ne porteront plus d'ombrage au gouvernement de la Chine; et les préju-

mais, malgré tous nos soins, l'idolâtrie perd infiniment plus d'âmes que nous n'en pouvons sauver; car, outre que le nombre des ouvriers apostoliques n'est rien en comparaison du peuple immense de la Chine, les persécutions presque continuelles arrêtent beaucoup les progrès de la prédication : cependant le nombre des chrétiens est considérable, et plus que suffisant pour occuper les missionnaires qui travaillent maintenant dans l'empire. Les mandarins, tout furieux qu'ils sont contre notre sainte religion, n'empêchent pas de simples particuliers, et même des familles entières de venir nous demander le baptême. A la vérité, quand on peut prendre des évêques on leur tranche la tête, parce qu'on les regarde comme des chefs de révolte.

gés qui s'opposent à leur prédication n'existant plus, le christianisme ne pourra faire que de rapide progrès dans cet empire.

De la langue chinoise (1766).

Le chinois est une langue fort difficile : je puis assurer qu'il ne ressemble en rien à aucune langue connue ; le même mot n'a jamais qu'une terminaison; on n'y trouve point tout ce qui, dans nos déclinaisons, distingue le genre et le nombre des choses dont on parle; dans les verbes rien ne nous aide à faire entendre quelle est la personne qui agit, comment et en quel temps elle agit, si elle agit seule ou avec d'autres. Chez les Chinois le même mot est substantif, adjectif, verbe, adverbe, singulier, pluriel, masculin, féminin, etc. C'est à celui qui écoute à épier les circonstances et à deviner.

Ajoutez à tout cela que tous les mots de la langue se réduisent à trois cents et quelques-uns, qu'ils se prononcent de tant de façons, qu'ils signifient quatre-vingt mille choses différentes exprimées par autant de caractères.

Ce n'est pas tout, l'arrangement de tous ces monosyllabes paraît n'être soumis à aucune règle générale; en sorte que, pour savoir la langue, après avoir appris tous les mots, il faut apprendre chaque chose en particulier : la moindre inversion serait cause que vous ne seriez pas entendu des trois quarts des Chinois.

Je reviens aux mots. On m'avait dit : *Chou* signifie livre; je comptais que toutes les fois que reviendrait le mot *chou*, je pourrais conclure qu'il s'agit d'un livre. Point du tout, *chou* revient, il signifie un arbre. Me voilà partagé entre *chou* livre et *chou* arbre. Ce n'est rien que cela; il y a *chou* grandes chaleurs, *chou* raconter, *chou* aurore, *chou* pluie, *chou* charité, *chou* accoutumés, *chou* perdre une gageure, etc. Je ne finirais pas si je voulais rapporter toutes les significations du même mot.

Encore si l'on pouvait s'aider par la lecture des livres; mais non, leur langage est tout différent de celui d'une simple conversation.

Ce qui sera surtout et toujours un écueil pour tout Européen, c'est la prononciation.

Elle est d'une difficulté insurmontable.
D'abord chaque mot peut se prononcer sur
cinq tons différents, et il ne faut pas croire
que chaque ton soit si marqué que l'oreille
le distingue aisément. Ces monosyllabes
passent d'une vitesse étonnante ; et, de peur
qu'il ne soit trop aisé de les saisir à la volée,
les Chinois font encore je ne sais combien
d'élisions qui ne laissent presque rien : de
deux monosyllabes d'un ton aspiré, il faut
passer de suite à un ton uni, d'un sifflement
à un ton rentrant ; tantôt il faut parler du
gosier, tantôt du palais, presque toujours
du nez. J'ai récité au moins cinquante fois
mon sermon devant mon domestique avant
de le prononcer en public. Je lui donnais
plein pouvoir de me reprendre et je ne me
lassais pas de répéter. Il est tels de mes au-
diteurs chinois qui de dix parties, comme
ils disent, n'en ont entendu que trois. Heureusement que les Chinois sont patients,
et qu'ils sont toujours étonnés qu'un
étranger puisse apprendre deux mots de leur
langue.

Livres classiques de la Chine (1).

Les Chinois ont cinq livres classiques, que les étudiants doivent apprendre pour être admis aux grades. Ces livres s'appellent *Knig*, c'est-à-dire livre d'une doctrine immuable et constante. Le premier est le livre des variations. Le second contient l'histoire des empereurs *Yas* et *Chun*, successeurs de *Tohi*, et celle des trois premières races qui ont gouverné la Chine. Le troisième est un recueil de vers et d'odes composés à la louange des anciens philosophes et des héros célèbres. Autrefois on était dans l'usage de faire des chansons et autres pièces de vers en l'honneur des empereurs, lorsqu'ils montaient sur le trône; toutes ces poésies étaient précieusement conservées, et le peuple aimait à les chanter : mais ce même peuple, ayant glissé dans ces recueils plusieurs pièces apocryphes et une doctrine dangereuse,

(1) Ces livres ont été traduits en français, et se trouvent dans la collection des livres pour l'éducation du Dauphin, imprimés par Didot.

Confucius, ou Con-Fu-Tsée, en fit la critique, et rejeta tout ce qui n'était pas authentique ou reconnu pour tel. Les Chinois font grand cas de ce livre, et leurs docteurs ne cessent d'en recommander la lecture. Le quatrième est celui des rites : il traite des cérémonies que l'on doit observer dans les sacrifices qu'on fait au ciel, à la terre, aux esprits, aux ancêtres, dans les mariages, dans les funérailles, etc. Le cinquième enfin est intitulé : *Le Printemps et l'Automne.*

Outre ces cinq livres, qui sont les livres sacrés des Chinois, il y en a quatre autres, nommés simplement *les Quatre Livres.* On appelle les trois premiers : *Livres de Confucius,* parce qu'ils contiennent un recueil des sentences de ce philosophe. Le quatrième est de *Mencius,* qui vivait cent ans après, et renferme les conférences de ce philosophe avec les plus habiles maîtres de son temps.

Lorsque les étudiants possèdent à fond la doctrine de ces livres, ils ont deux examens à subir : le premier n'est qu'un exercice préparatoire ; mais le second est un examen en règle, qui donne droit aux autres examens par où il faut passer pour parvenir au grade de licencié.

Imposteurs révérés par les Chinois (1769).

La Chine a eu deux imposteurs dont les noms sont encore en vénération dans tout l'empire. Le premier s'appelait *Lao-Kium*. On raconte qu'il naquit auprès de la ville de *Lin-Pao*, vers la fin de la dynastie des *Tcheou*. Son père, qui était un simple paysan, était obligé, pour subsister, de servir en qualité de manœuvre. A l'âge de soixante et dix ans, il lui prit envie de se marier. Il épousa une paysanne, et vécut longtemps avec elle sans avoir d'enfants. Enfin elle conçut et mit au monde un fils qui avait les cheveux et les sourcils blancs. Comme cette femme ignorait le nom de famille de son mari, elle donna à son fils le nom qui signifie *prunier*, arbre sous lequel il était né, et parce qu'il avait de fort longues oreilles, elle l'appela *li-cul*, qui, en chinois, signifie *prunier-l'oreille*.

Quand cet enfant fut parvenu à l'âge de vingt ans, un empereur de la dynastie des *Tcheou*, qui avait entendu parler de sa naissance merveilleuse, le prit pour son bibliothécaire. Mais *Lao-Kium*, c'était son vrai nom, ayant lu dans l'avenir que la famille de son bienfaiteur allait tomber en décadence, monta sur un bœuf noir, et se retira dans la vallée sombre, où il mourut quelque temps après, quand il eut mis par écrit des dogmes qu'il avait prêchés.

Un des grands principes de ce rêveur est qu'on doit s'efforcer de ressembler au néant, et que les moyens d'y parvenir sont de rechercher, autant qu'il nous est possible, l'état parfait d'inaction, de penser le moins qu'il est possible, de fuir toutes les affaires de quelque nature qu'elles soient, et enfin de vivre dans cette stupide indolence qui approche le plus du néant. Il prétendait que le vide était le principe de toutes choses ; qu'il y avait une foule de génies et d'esprits tutélaires qui tenaient la chaîne des événements humains, qu'ils présidaient à la marche des révolutions, et que par conséquent on ne devait se mêler de rien. Pour engager ses disciples à croire à sa doctrine, cet imposteur leur avait promis de les rendre immortels comme lui ; car il leur avait persuadé qu'il ne mourrait jamais.

Foé ne jouit pas d'une moindre considération parmi les Chinois. On raconte qu'il était fils d'un souverain d'une contrée de l'Inde, et que, quand sa mère le conçut, elle rêva qu'elle avalait un éléphant, présage de la taille énorme que devait avoir l'enfant qu'elle mettrait au monde. A peine Foé eut-il vu le jour, qu'au lieu de pleurer, comme les autres enfants, il fit sept pas, leva une main vers le ciel, et s'écria d'une voix terrible : *Je suis celui qu'on doit honorer au ciel et sur la terre.* Parvenu à l'âge de dix-neuf ans, il se retira dans une solitude, pour y vaquer à l'étude de la philosophie ; et l'on assure qu'après y avoir formé un grand nombre de disciples, il fut tout à coup changé en divinité. Dans le fond, c'était un homme corrompu, qui n'avait pris le parti de s'éloigner de ses semblables que pour dérober à leurs yeux les infâmes débauches auxquelles il s'abandonnait. Il n'est pas étonnant qu'il ait eu, pendant sa vie et après sa mort, de si zélés sectateurs. Je ne sache pas que cet imposteur ait rien laissé par écrit. Les bonzes, qui s'en disent inspirés, sont les dépositaires de sa doctrine, qui n'est pas moins insensée que celle de *prunier-l'oreille*.

Repas de l'empereur de la Chine.

L'EMPEREUR mange toujours seul, et personne n'assiste jamais à ses repas que les eunuques qui le servent. L'heure de son dîner est réglée à huit heures du matin, et celle de son souper à deux heures après midi. Hors de ces deux repas, il ne prend jamais rien pendant la journée, sinon quelque boisson dont il fait usage, et vers le soir quelque rafraîchissement. Il n'avait jamais usé de vin ni d'autre liqueur qui puisse enivrer; mais, depuis quelques années, par le conseil des médecins, il use d'une espèce de vin très-vieux, ou plutôt de bière , comme sont tous les vins chinois, dont il prend chaud un verre à midi, et un autre sur le soir. Sa boisson ordinaire pendant ses repas consiste en thé ou simplement infusé avec de l'eau commune, ou bien mélangé avec du lait, ou composé de différentes espèces de thé pilées ensemble, fermentées et préparées de différentes façons. Ces boissons de thé préparé sont la plupart très-agréables au goût, et plusieurs sont nourrissantes, sans charger l'estomac.

Malgré la quantité et la magnificence des mets qui lui sont servis, il n'emploie jamais plus d'un quart d'heure à chaque repas. Les mets qui doivent se manger chauds sont dans des vases d'or ou d'argent, tellement fabriqués, qu'ils servent en même temps de plats et de réchauds. Ces vases ont à peu près la forme de nos grandes écuelles d'argent, avec deux anneaux mobiles qui tiennent lieu de ce que nous appelons les oreilles de l'écuelle. Le fond de ces écuelles est double; au fond supérieur est soudé un tuyau d'environ deux pouces de diamètre, et plus élevé d'un pouce que les bords du vase; c'est par ce tuyau qu'on introduit entre les deux fonds du charbon allumé, auquel ce tuyau sert de soupirail; le tout a un couvercle proportionné par où passe le tuyau, et les mets s'y conservent chauds pendant un temps considérable; de sorte que, lorsque Sa Majesté se promène dans ses palais ou dans ses jardins, elle prend ses repas dans l'endroit où elle se trouve, quand l'heure du repas est venue : tous les mets qui lui doivent être servis sont portés par des eunuques dans des boîtes de vernis, dont quelques-unes ont plusieurs étages; par ce moyen, ils n'ont à craindre ni le vent ni la pluie, ni les autres injures du temps.

Les grands du palais ne mettent aussi qu'un quart d'heure à chaque repas. Les mets, lorsqu'on les sert à table, sont déjà tout découpés en petits morceaux. On n'est pas ici dans l'usage de servir plusieurs services, ni du dessert. Les fruits, les pâtisseries et autres mets de dessert se mangent

le soir, avant le coucher, ou quelquefois
pendant la journée, par manière de rafraîchissement. On n'use jamais de vin dans les
repas que l'on fait au palais; ceux auxquels
il est nécessaire en prennent le soir, lorsqu'ils sont rentrés dans leurs maisons, et
qu'il n'y a plus d'apparence qu'ils paraî-
tront encore ce jour-là en présence de l'empereur.

Collection de livres formée par l'empereur Kien-Long
(1768).

L'EMPEREUR est maintenant occupé à un
grand projet. Il y a quelques années qu'il
publia, dans tout son empire, qu'il voulait
faire une collection de tout ce que la Chine
avait de mieux en bons livres. Il ordonna
que tous ceux qui avaient des manuscrits
estimables eussent à les envoyer à la cour,
déclarant qu'après en avoir fait le choix, on
les renverrait fidèlement.

L'empereur reçut des livres à l'infini. Il
détermina que la collection serait de six cent
mille volumes. Il fit venir à Péking les plus

grands lettrés de l'empire et les plus habiles imprimeurs; il leur donna un nombre infini d'assesseurs, qu'il logea dans le grand palais. Il mit à la tête de l'entreprise les princes de sa maison, et même son sixième fils : ils répondaient des moindres fautes; un seul point manqué dans les lettres les plus compliquées leur coûterait une partie de leurs revenus. Il faut que les livres qui sortent de l'imprimerie soient sans fautes. Ce qui nous intéresse surtout dans cette magnifique collection, c'est que l'empereur y a fait entrer trois livres de religion, composés autrefois par des missionnaires Jésuites. Le premier est du fameux Père Ricci, connu en Chine sous le nom de *Ly-Ma-Cou.* C'est un chef-d'œuvre. Il s'est trouvé des lettrés qui le lisaient sans cesse pour se former le style; il a pour titre : *Tien-tchou-che-y, Vraie notion de Dieu.* On ne conçoit pas comment un homme qui n'avait fait sa théologie qu'en voyageant, a pu mettre dans ce livre tant de force de raisonnement, tant de clarté et tant d'élégance.

Le second ouvrage qui entre dans la grande collection est de *Yang-Mano*; il a pour titre ces deux mots : *Tri-kê*. Il est aussi supérieurement écrit et plein de choses; il traite de la victoire des sept passions dominantes dans l'homme.

Le troisième est du Père Verbiest, qui vivait du temps de Kan-Hi; il a pour titre : *Kiao-yao-su-lun, Abrégé des vérités fondamentales de la religion*. Il n'est pas écrit pour les lettrés; il paraît que l'auteur a voulu se mettre à la portée de tout le monde. Kan-Hi, l'ayant lu, badina sur le style; mais il est d'une analyse et d'une méthode qui l'ont fait juger digne d'être placé au rang des meilleurs livres. Voilà l'inconséquence de l'homme : les Chinois mettent au nombre de leurs meilleurs livres ceux de notre sainte religion, et ils persécutent les chrétiens.

Sous le dernier empereur des Meng-Tchao, les missionnaires Jésuites eurent le courage de faire peindre l'embrasement de Sodome et de Gomorrhe, et de le présenter, avec une explication, à cet empereur, qui était souverainement débauché. Leur intention était de le frapper. Il trouva la peinture belle dans son genre, il la fit graver dans un recueil des monuments de son temps; et voilà tout ce qu'il en fut.

Récit de la reconnaissance faite à Goa du corps de saint François Xavier, apôtre des Indes (1782).

M. DE SAINTE-CATHERINE, évêque de Cochin, et en même temps administrateur de l'archevêché de Goa, où il réside, et le gouverneur général de cette capitale des possessions des Portugais dans l'Inde, ont jugé qu'il était à propos de faire la reconnaissance du corps de saint François Xavier, pour dissiper les bruits qui s'étaient répandus que ce saint et précieux dépôt avait été enlevé. Le corps de ce grand missionnaire est dans un beau sépulcre de marbre, dans l'église de Jésus, à laquelle est unie une des trois maisons que les Jésuites avaient ici. Dans cette même église, hors du sanctuaire, on avait préparé une estrade couverte de damas cramoisi, et sur laquelle on avait placé

une grande urne de cristal, avec des ornements dorés ; au-dessus s'élevait un magnifique baldaquin de damas avec des franges
d'or. Autour de l'estrade régnait une balustrade de bois peint, sur laquelle étaient de
grosses torches de cire. Les préparatifs étant
faits, et le jour pris secrètement pour la cérémonie, le 9 février, vers la fin du jour,
on posa des gardes dans l'église et dans la
maison ; peu à peu l'administrateur entra
avec les personnes de sa suite, le gouverneur, l'officialité, quantité de nobles, les
juges, les conseillers, tous en habits de cérémonie, un bon nombre de chanoines, de
prêtres séculiers, de religieux et même de
dames.

On distribua d'abord de gros flambeaux
allumés à plus de cinquante personnes, et,
avec un dais, on se rendit au lieu du sépulcre, par la porte intérieure de la maison,
celle de l'église étant fermée. On monta au
haut du mausolée par un escalier pratiqué
pour cela, et le sieur Cazalini, ingénieur de
ces contrées, et ci-devant frère jésuite, por-

tant huit clefs, que conservent l'évêque, le
gouverneur et les autres personnes prépo-
sées à la garde de ce dépôt, ouvrit le sépulcre du côté de la partie des pieds du saint,
et en tira le cercueil en présence de tous les
spectateurs. Ce cercueil est haut de deux
pieds et long de huit; le couvercle est en dos
d'âne, fermé de trois serrures et couvert de
drap d'or. Cela fait, on porta processionnel-
lement le cercueil sur l'estrade qu'on avait
élevée au milieu de l'église. L'évêque, le
gouverneur, quatre de nos missionnaires et
quatre autres ecclésiastiques voulurent le
porter.

Quand le cercueil eut été posé dans le
lieu destiné à le recevoir, on leva le couvercle, et ensuite un voile de soie qui cou-
vrait tout le corps du saint. Ce voile vient
d'être envoyé à la reine de Portugal. On vit
alors le corps entier. Les pieds et les jam-
bes sont en bon état et encore palpables; la
tête est couverte de sa peau, mais sèche, et
en quelques endroits on aperçoit le crâne;
malgré cela, la physionomie n'est pas tout

à fait effacée, et l'on pourrait encore en tirer des portraits. Le bras et la main gauches sont assez bien conservés, et posés sur la poitrine. Il est vêtu des habits sacerdotaux, qui paraissent encore neufs. Il est à observer que le saint était de fort petite stature. Ses pieds sont demeurés un peu noirs, peut-être parce qu'il était dans l'usage de faire pieds nus tous ses voyages. Au pied droit il manque deux doigts, qui ont été enlevés par un pieux larcin : on sait que le bras droit est à Rome. Quand le corps fut ainsi découvert, les assistants le baisèrent les uns après les autres, avec vénération et sans aucune confusion. Ils y firent aussi toucher, avec respect, des mouchoirs, des chapelets et des croix ; après quoi on ferma le cercueil, et on le mit dans une urne de cristal destinée à le recevoir. On chanta ensuite le *Te Deum*, et le corps resta exposé à la vénération publique sur l'estrade placée au milieu de l'église.

Le dimanche suivant, commença le concours du peuple, qui, le lendemain et le surlendemain fut encore plus grand, et toujours en bon ordre.

Parmi la multitude des personnes accourues pour visiter le corps du saint apôtre, on vit plusieurs infidèles, et le frère d'un roi de l'Indostan peu éloigné de Goa. Ce prince déclara, par son interprète, qu'il croyait que notre religion était la seule véritable. On ne vit néanmoins aucune conversion.

Dans l'après-midi du mardi 13 février, la foule étant diminuée, on put aisément et sans violence fermer les portes de l'église. Il y resta quelques personnes pour la garde du saint dépôt; et dans la nuit, en présence de l'évêque et du gouverneur, et dans le même ordre qui avait été observé au commencement de la cérémonie, on transporta le corps dans le mausolée de marbre. On le couvrit d'un nouveau voile brodé; on ferma ensuite le sépulcre avec les huit clefs, et on dressa un acte de tout ce qui s'était passé. Il est vraisemblable qu'une pareille reconnaissance ne se renouvellera pas souvent, soit parce qu'on n'aura pas les mêmes motifs, soit parce que le saint corps s'altère et paraît souffrir de l'air, des lumières et de la chaleur que cause la foule attirée par cette pieuse cérémonie.

Détails sur l'état du christianisme dans la Chine vers la fin du dernier siècle (1).

Je me trouve chargé de l'administration de trois provinces, dont la plus petite a autant d'étendue que la France. Les différentes chrétientés se trouvent extrêmement séparées les unes des autres; souvent il faut faire plusieurs journées de chemin, quelquefois jusqu'à dix, pour parvenir à une. Les plus considérables ne passent guère trois ou quatre cents personnes; le plus ordinairement elles sont de soixante à quatre-vingts personnes : le nombre de ces dernières est très-grand. Il n'y a actuellement que treize missionnaires en exercice dans les

______

(1) Ce morceau et les suivants sont extraits des *Nouvelles Lettres des Missions orientales*, imprimées à Liége en 1797.

trois provinces où nous avons ces chrétien=
tés, dont sept européens tirés des missions
étrangères de Paris, et six autres chinois,
dont quatre ont été ordonnés prêtres par
moi-même. Il est absolument impossible,
vu la dispersion des chrétiens et le petit
nombre des missionnaires, de faire de fré-
quentes visites dans chaque endroit, d'instruire suffisamment par la prédication :
c'est beaucoup quand un missionnaire peut
visiter deux fois ses chrétiens dans un an ;
il y en a même un grand nombre qui à peine
peuvent être visités une fois, et d'autres qui
ne peuvent être administrés que tous les
deux ans.

Pour maintenir la foi parmi ces néophytes,
comme aussi pour l'étendre parmi les Infidèles, la mission des catéchistes est un excellent moyen. Ces catéchistes sont ordinairement des chefs de famille, zélés, instruits
et d'un âge un peu avancé : c'est chez eux
que se tient, les dimanches et les fêtes, ainsi
qu'à l'époque de la visite des missionnaires,
l'assemblée des chrétiens. Ces catéchistes

sont chargés d'instruire, autant qu'ils peuvent le faire, et surtout de veiller à ce que le bon ordre et la discipline de l'Église s'observent parmi les chrétiens.

C'est chez eux que se rendent les nouveaux chrétiens pour s'instruire des vérités de la religion, des prières du catéchisme et des vertus de l'Évangile. Les plus éloignés demeurent quelquefois longtemps chez eux, vivent à leurs dépens, s'ils sont pauvres, ce qui leur cause des dépenses considérables, surtout quand le nombre des prosélytes est grand. Il faut que la mission les aide ; autrement les nouveaux convertis, ne trouvant personne pour les instruire, retourneraient bientôt à leurs superstitions.

Il est une autre espèce de catéchistes qu'on peut nommer *ambulants*, destinés principalement à la conversion des Infidèles. Ce sont assez communément des chrétiens qui s'attachent à la mission. Chaque missionnaire en a un certain nombre. Quand il a quelque espérance de conversion dans un endroit, soit que les païens demandent à entendre parler de religion, soit que leurs parents ou amis déjà chrétiens servent d'introducteurs, on y envoie ces catéchistes ambulants, qui réfutent en détail les superstitions du pays, et leur prêchent la vérité de notre sainte religion. Il ne serait pas toujours prudent aux missionnaires, et surtout aux Européens, qui ont la couleur, la figure et l'accent si différents des Chinois, de paraître ainsi devant les païens et de leur prêcher la religion. Suivant les lois du pays, ils ont deux crimes capitaux contre eux : l'un d'être étrangers, et l'autre de prêcher le christianisme. Il suffirait de rencontrer un seul homme de mauvaise volonté pour exposer la mission aux dernières extrémités, en trahissant le missionnaire, comme cela est déjà arrivé plusieurs fois. Ce sont donc nos catéchistes ambulants qui paraissent ordinairement devant eux et jettent dans leur esprit les premières semences de la foi. Quelquefois, à cette occasion, il s'excite beaucoup de troubles : les païens mécontents s'ameutent, font violence pour s'em-

parer du catéchiste et l'assomment de coups.
Le plus souvent les assemblées sont assez
paisibles; mais, comme les chrétiens, surtout les nouveaux, ne se cachent guère
quand ils savent qu'un catéchiste est arrivé
dans le canton, ils assemblent tous les païens
de leur connaissance, et ceux-ci appellent
tous leurs amis, qui, attirés par la nouveauté du spectacle, y viennent en très-
grand nombre; il s'en trouve souvent plus
de deux cents dans une séance. Le catéchiste
les prêche. Il y en a toujours une partie qui
se rend; les autres, qui restent dans leur
aveuglement, ne peuvent pas se plaindre
de ce qu'ils ont manqué de moyens pour
connaître la véritable religion. Quand les
Infidèles se sont rendus, qu'ils ont adoré
Dieu, détruit leurs idoles et qu'on trouve
dans leur conduite des preuves de sincérité,
pour lors le missionnaire vient les visiter et
les instruire plus particulièrement, en les
disposant peu à peu au baptême. Pour fournir à tous les districts, qui sont en assez
bon nombre, il faut multiplier les caté-

chistes. La mission se charge de leur entretien et de leur nourriture, ainsi que des dépenses qu'ils sont obligés de faire dans les longs voyages qu'ils entreprennent pour la cause de la religion. Puissions-nous en doubler et tripler le nombre, nous aurions bientôt des milliers de chrétiens de plus!

Embarras des missionnaires de la Chine pour transporter leurs chapelles.

Ce qui nous constitue quelquefois dans des dépenses considérables, c'est le besoin où nous sommes de suppléer et de multiplier les chapelles des missionnaires. La Chine, au moins dans les provinces où nous sommes, est partout infestée de brigands qui marchent en troupes bien armées et s'emparent de tout ce qu'ils rencontrent. Plus d'une chapelle de missionnaires a déjà passé entre leurs mains. Outre ce danger, il en est un autre plus fréquent, et dont les suites sont plus à craindre pour la religion, c'est celui des douanes. Il en est un grand nombre à poste fixe, qu'il est impossible d'éviter; il arrive aussi, au moment que l'on s'y attend le moins, que l'on en établit pour quinze jours seulement, en nombre plus ou moins grand, dans certains passages détournés, lorsque, par exemple, il a été commis quelque vol considérable aux environs, ou que les voleurs se multiplient; un missionnaire qui vient de loin n'est point instruit de ces précautions. Il serait dangereux de s'en informer lorsqu'on est à proximité. On passe devant les douanes, où, pour l'ordinaire, les paquets sont ouverts pour que l'on puisse voir si les effets volés ne s'y trouvent point, ou s'ils ne contiennent pas des armes. Dans ces circonstances, une chapelle, mise en évidence, donne à ces douaniers de terribles préventions; ce sont des habits inconnus, des livres, un missel, un rituel écrits en caractères étrangers. Ils veulent en savoir l'usage. J'ai vu des missionnaires au milieu de ces dangers et sauvés comme par miracle. Nous tâchons donc de diminuer ces dangers, en multipliant les chapelles et les plaçant à des distances convenables dans les différentes chrétientés, de manière que le missionnaire les porte avec lui le moins souvent qu'il est possible, si ce n'est dans les chrétientés qui ne sont pas éloignées les unes des autres, comme d'une demi-journée ou d'une journée de chemin. Pour lors, s'il y a quelque nouveauté en fait de douane ou autrement, on en est instruit à temps; mais nous ne pouvons faire en ce genre que la moitié des choses. Il y a encore des missionnaires qui sont obligés de faire plus de cent lieues avec une seule chapelle. Au reste, en fait de chapelles de cette espèce, nous nous bornons au simple nécessaire : un calice d'argent à pied de cuivre, ou un calice d'étain, une aube, un amict, une ceinture, une pierre sacrée, deux nappes d'autel, dont une se plie en deux, un devant d'autel de toile de quatre couleurs, et le reste de l'ornement de la même étoffe, doublé de noir pour la messe des morts, avec la bourse et ce qu'elle doit contenir; enfin un petit rituel et un petit missel in-12. Le missionnaire porte sur lui une custode ou petit ciboire en cas de besoin, avec la boîte aux saintes huiles : ces deux objets ne sont point doublés.

État du christianisme dans le royaume de Corée, tributaire de l'empire de la Chine (1791).

L'évêque de Péking m'écrit que la *Corée*, grand royaume limitrophe au *Leao-Tong*, s'ouvre à l'Évangile. On y compte déjà quatre mille chrétiens convertis par le fils d'un ambassadeur de ce royaume à la cour de Péking, baptisé, il y a quelques années, par M. de Grammont. Cette chrétienté naissante a déjà été cruellement persécutée, et a donné des preuves du plus grand courage, aimant mieux souffrir les tourments les plus terribles que d'apostasier. Au moment où l'on espérait le moins, le roi s'est adouci, ses ministres lui ayant représenté que cette religion était très-célèbre à Péking, et lui en ayant fait l'éloge. Il a donc fait élargir les confesseurs de la foi, et s'est contenté de leur défendre de suivre cette religion, sans les intimider par aucune menace. Ils ont profité de leur liberté pour propager la foi et députer un néophyte, avec des lettres très-pressantes, à l'évêque de Péking pour le prier de les secourir. Ce néophyte s'est mis secrètement à la suite d'un ambassadeur que le roi envoyait à la cour de Péking.

Détails sur la Cochinchine (1772).

Vous voulez donc absolument que je vous donne des détails sur la Cochinchine et sur tout ce qui me concerne.

Nous sommes sous la zone torride, par les onze degrés de latitude du nord; ainsi le soleil passe au-dessus de nos têtes deux fois par an. Vous allez demander comment nous pouvons résister à un tel climat; mais remarquez que le pays est rafraîchi par les rivières dont il est tout coupé, et par la mer qui en est proche. Les nuits sont presque égales aux jours, et par conséquent le soleil échauffe moins longtemps l'horizon que chez nous en été. De plus, nous avons deux moissons ou saisons. Dans l'une, le soleil est presque perpendiculaire sur nos têtes, mais c'est le temps des pluies ; dans l'autre, le ciel est pur et serein, mais le soleil darde plus obliquement ses rayons. Ainsi, comme vous voyez, nous sommes dans une température assez uniforme, et l'on pourrait presque dire pour nous :

L'été n'a point de feux, l'hiver n'a point de glaces.

La principale production de ce pays-ci est le riz. On n'y connaît de froment que celui que les Européens y apportent. J'en ai semé ; mais il croît trop vite et ne fructifie presque pas. J'ai vu de la vigne serpenter fort loin et s'élever fort haut dans les forêts ; les grappes en sont extrêmement grosses, mais on ne peut ni les manger, ni en faire du vin. Le maïs ou blé de Turquie n'y est pas rare. L'orange est le seul fruit qui nous soit commun avec vous. Nous avons des cochons, des chèvres, des poules, des canards, comme en France. Il y a des chevaux, quelques bœufs, et beaucoup de buffles, que l'on emploie seuls au labourage. Le poisson, les légumes y sont en abondance.

Le pays peut fournir pour le commerce de la soie, du coton, du fil, des ananas, du cardamome, de la cannelle, de la gomme laque, de la cire, de l'ivoire, des cornes de rhinocéros, du poivre, du sucre, un peu d'indigo, du bois de teinture, de l'arèque, de l'huile de bois, mais surtout les plus beaux bois de construction navale. Les Chinois, les Portugais et quelques Français y viennent faire le commerce.

L'habit de cérémonie des mandarins est fort beau ; c'est un habit de soie long et ample, ordinairement noir, semé de fleurs, orné d'oiseaux ou de dragons brodés en or. Leur chaussure consiste dans des bottines de soie, et leur coiffure est une couronne assez élégante. L'habit militaire est simple ; il est formé d'un pantalon, d'une veste, d'une ceinture et d'un turban. L'habit ordinaire est léger, ample et long, avec un pantalon et un turban ; le tout est de soie, selon l'usage du pays. Les femmes ont à peu près le même habit que les hommes. Maintenant représentez-vous un Européen maigre et fluet en grand pantalon, en robe de soie, les pieds nus, portant une longue barbe, et la tête coiffée d'un turban, une longue pipe à la main : voilà mon portrait.

Le riz cuit à l'eau est le fondement de la nourriture des Cochinchinois; les pauvres y ajoutent du poisson sec ou des herbes salées. La table des gens aisés est garnie de toutes sortes de petits plats, d'œufs, poissons, volailles, cochons, mais sans luxe. On boit au commencement du repas un peu de vin de riz, et à la fin, de l'eau et du thé. On ne mange pas à la cuillère comme les Européens, ni à la main comme les Malabares, mais avec deux petits bâtons qui servent de cuillère et de fourchette.

Ce peuple est assez bon, et même simple; il est curieux à l'excès, et jaloux de ses petites connaissances. Il n'est point inventeur, mais il imite bien, et se vante beaucoup. N'allez pas vous humilier devant eux, et dire que vous ignorez, parce qu'ils vous croiraient, et que vous perdriez leur confiance.

Leurs usages sont bien différents des nô-tres. Un inférieur ne passe jamais devant son supérieur sans s'incliner profondément; il ne l'aborde point en face, mais par le côté; il ne s'assied point sur la même natte, mais sur une autre assez éloignée. Le supérieur mange seul et le premier, et les égaux ensemble à la même table. On ne doit jamais avoir la tête nue; mais il serait très-impoli d'entrer dans un appartement autrement que nu-pieds. On ne peut recevoir personne avec politesse sans lui présenter la pipe, le tabac, le thé, l'arèque et le bétel. L'arèque est un fruit âpre, qu'on mange coupé par morceaux; le bétel est une feuille aromatique, enduite d'un peu de chaux : cela fait cracher rouge comme du sang, et rend les dents noires; voilà le grand ton. Pour sortir décemment, on doit avoir au moins à sa suite deux jeunes gens qui portent une pipe, une bourse à bétel, un éventail et un parasol.

La langue de la Cochinchine n'est presque composée que de monosyllabes : elle n'a ni déclinaisons ni conjugaisons : la construction en est simple, mais les tons la rendent extrêmement difficile. Le même mot, prononcé sur six tons différents, présente autant de sens souvent opposés. Leurs lettres leur paraissent un chef-d'œuvre, mais ce n'est qu'un chef-d'œuvre de difficultés et un amas confus de quatre-vingt mille caractères, qui en feront toujours un peuple ignorant, parce qu'ils apprendront à lire toute leur vie avant de pouvoir étudier les sciences. Quand on leur dit qu'avec nos vingt-quatre lettres nous écrivons tous les mots de toutes les langues, ils les admirent sans les adopter.

Leur manière de se battre n'a rien d'avantageux. Leur arme principale est une longue lance, dont ils se servent pourtant assez bien; quelques sabres, lances à feu, fusils, canons, et quelquefois des éléphants, voilà tout leur attirail guerrier. Ils ont beaucoup d'étendards pour faire un grand étalage; ils écartent les rangs, afin, disent-ils, de laisser passer les balles et les boulets; ils chargent l'ennemi avec de grands cris; et, quand ils ont fait leur décharge, ils se couchent. Si l'un des deux partis soutient le chóc, l'autre s'enfuit en désordre, et celui-là le poursuit avec audace. Leurs forts sont un entourage de planches avec quelques pieds de terre, et la ruse fait toute leur valeur. Le roi, qui a plus d'esprit que tous ses sujets, saisit assez bien les idées européennes. M. Olivier, officier du génie, lui a fait ôter cette foule d'étendards, a formé un corps de fusiliers, a fait serrer les rangs, et les a exercés à notre manière. Le même M. Olivier, et M. Lebrun, autre officier français, qui vient de retourner à l'Ile-de-France, ont construit au roi un bon fort, avec bastions, fossés, ponts-levis, chemins couverts, glacis, demi-lunes, le tout à l'européenne. Ce fort donne de la confiance aux troupes, mais peut-être un peu trop.

Si vous désirez connaître l'état actuel où en est la guerre de la Cochinchine, représentez-vous un royaume long et étroit, placé au bord de la mer, et divisé en trois parties.

La partie inférieure est occupée par le roi qui cherche à s'y maintenir ; le chef cadet des rebelles, homme hardi et entreprenant, occupe la partie du nord, et cherche à s'étendre vers le Tong-King ; et son aîné se trouve au milieu, entre deux feux. Représentez-vous un roi, tantôt triomphant, tantôt fugitif depuis dix-huit ans, tantôt vainqueur avec une poignée de monde, tantôt vaincu avec une armée florissante ; vif, courageux, sans cesse en action, n'étant bien qu'où il n'est pas, allant de sa ville à ses chemins, de ses chemins à ses forts, de ses forts à ses chantiers, à ses arsenaux ; construisant sans cesse des galères, et les laissant à sec ; faisant à grands frais de petites expéditions, et manquant souvent les occasions les plus belles. Représentez-vous l'ennemi sans cesse à nos portes et n'entrant jamais ; les trois partis voulant se détruire, et se craignant réciproquement. Voilà l'état de la guerre. Depuis quatre ans, je n'ai rien vu faire qui pût être décisif ; cependant, à la longue, les rebelles se font détester. Leur

autorité, nous écrit-on, touche à son dé-
clin ; peut-être, en effet, est-ce là l'ordre
de la Providence, mais peut-être aussi les
rebelles viendront-ils un beau jour à l'im-
proviste, et le roi sera pris : s'ils attaquent
les premiers, ils seront vainqueurs.

*Bon accueil fait aux missionnaires par le roi de la
Cochinchine.*

Je dois dire un mot de la manière hono-
rable dont nous fûmes reçus à notre arrivée.
Il n'y a rien d'étonnant : nous ramenions le
fils du roi, et nous rendions la confiance à
un peuple consterné ; c'était pour nous une
espèce de triomphe. Depuis cette époque,
nous n'avons cessé de nous louer de la conduite de ce peuple à notre égard. Ici ce n'est
point comme en Chine, où les Européens
sont obligés de se cacher; ce n'est point non
plus comme à Siam, où les Européens sont
bien reçus, parce qu'on y a un très-grand
respect pour les bonzes, et qu'on regarde les
missionnaires comme des bonzes d'Europe :
mais les Cochinchinois ont une grande idée

des lumières et des talents des Européens.
Ils savent tout ce que nous avons fait et voulu
faire pour eux; ils voient notre désintéressement, nous estiment et nous reçoivent
bien. J'ai vu des gouverneurs de provinces
nous traiter avec la plus grande politesse,
beaucoup de mandarins venir nous rendre
visite et se trouver honorés des nôtres. Un
missionnaire est regardé comme un homme
juste, et quand il parle on est sûr qu'il ne
ment point; le roi lui-même, peut-être, sur-
passe ses sujets en vénération pour nous.
Jamais je ne l'ai rencontré qu'il ne m'ait fait
une inclination de tête et un sourire d'ami-
tié; jamais je n'ai été au palais qu'il ne
m'ait fait asseoir et ne m'ait fait servir du
thé et des rafraîchissements. Je l'ai même
vu rentrer dans l'intérieur de son palais,
me laisser son fils pour me servir d'interprète auprès de ses mandarins. Il est vrai
qu'alors je travaillais pour lui; mais, à
l'égard de tout autre missionnaire, ce serait
la même chose, et pour quelques-uns peut-
être davantage. Quand il s'agit de monsei-

gneur l'évêque d'Adran, il va jusqu'à la déférence, l'attachement et le respect.

*Sentiments des chrétiens cochinchinois à l'égard des
missionnaires et par rapport à la religion.*

Ce n'est point ici comme en Europe, où
le grand nombre de prêtres affaiblit le respect des peuples pour leur personne. Ici,
nous sommes peu : ils ne nous voient que
rarement, et quelquefois seulement dans
l'espace de plusieurs années ; nous ne parais-
sons au milieu d'eux que pour remplir les
fonctions de notre ministère, les consoler
dans leurs peines, éclaircir leurs doutes,
leur administrer les sacrements. En consé-
quence, ils nous regardent presque comme
des anges qui leur sont envoyés du ciel.
Nous parlons avec autorité, et l'on nous
écoute avec soumission. Vous seriez enchanté
de leur désir d'avoir un missionnaire, de
leur empressement à le recevoir, de leur
attention à le bien traiter. La plus grande
peine que nous puissions leur faire, quand
nous avons de grands sujets de méconten-

tement, c'est de refuser les petits présents qu'ils nous offrent. Partout où nous allons, fût-ce à vingt et trente lieues, ce sont eux qui nous conduisent et nous fournissent les bateaux, les hommes et les vivres, etc.; le contraire serait un manque de respect au premier chef. Quand il meurt un missionnaire, ils accourent de toutes les provinces; leurs regrets, leurs pleurs et leurs cris ont de quoi fendre le cœur le plus dur.

Vous voyez d'avance ce que doivent être de tels chrétiens; en deux mots, ils ont une foi simple et forte, surtout quand ils sont éloignés des villes et des marchés, et une persécution ne manquerait peut-être pas de faire beaucoup de martyrs parmi eux.

Nouveaux progrès de la religion chrétienne dans la Chine (1803).

Nos missions ne peuvent se passer de secours. Le nombre de nos chrétiens augmente chaque jour, et le nombre des ouvriers diminue, loin d'augmenter. Nous sommes fort tranquilles de tous les côtés. On n'entend plus parler de persécutions, quoique les chrétiens se multiplient beaucoup, même dans les villes, et exercent assez ouvertement leur religion. Cette tranquillité procure de nombreuses conversions. Dans plusieurs endroits, les habitants viennent d'eux-mêmes demander à se faire chrétiens. Il se trouve maintenant un grand nombre de villes où il y a beaucoup de chrétiens, et dans lesquelles il n'y en avait pas anciennement. Le nouvel évêque de Carada, M. Tranchant, m'a écrit que les différents prêtres qui administrent la province de *Tchuen-Tong*, ont baptisé entre eux cinq cents adultes, et fait environ sept cents catéchumènes; pour comble de bonheur, les *Pé-Lien-Kiao*, qui, les années précédentes, ont fait tant de ravages dans ces contrées, se sont dispersés de côté et d'autre, et ne paraissent plus : ce qui donne aux prêtres toute liberté d'administrer leurs chrétiens. Dans des circonstances si favorables, plusieurs nouveaux missionnaires ne seraient pas de trop dans notre province de *Su-Tchuen*. On y a donné cette année le baptême à quatre mille neuf cent dix-neuf enfants d'Infidèles, en danger de mort. Dans les différentes parties de la province, quatre-vingts Infidèles ont embrassé la religion chrétienne.

Par les lettres du Tong-King on apprend que le roi de la Cochinchine, après avoir soumis les rebelles dans son royaume, règne aujourd'hui au Tong-King; qu'il fait un très-bon accueil aux évêques et aux autres missionnaires, et qu'il faut tout espérer, quoiqu'il n'ait pas encore donné un édit formel en faveur de la religion.

Signé HAMEL.

Détails sur l'Évêque d'Adran, mort premier ministre de la Cochinchine (1800).

L'ÉVÊQUE d'Adran vient de mourir. La Cochinchine perd un grand ministre, et la religion un de ses plus respectables prélats. Les regrets qu'il laisse, et les honneurs funèbres qui lui ont été rendus par un peuple encore à demi idolâtre, feront une époque mémorable dans l'histoire de ce pays.

L'évêque d'Adran partit de France à l'âge de vingt-quatre ans, comme simple missionnaire ; il fut bientôt fait évêque et vicaire apostolique. Il se signala dans cette carrière par les plus grands succès. Il savait presque toutes les langues de l'Europe ; il possédait presque toutes les sciences : il était plus instruit que les lettrés chinois dans leur propre langue. Il fut recherché des rois, et celui de la Cochinchine le nomma son premier ministre d'État. Ce prince était alors engagé dans une guerre civile contre un usurpateur qui s'était rendu maître d'une grande partie du royaume. Les Anglais crurent pouvoir profiter de cette circonstance pour obtenir le commerce exclusif de ce riche pays, et offrirent des secours au roi ; mais l'évêque d'Adran, qui sentait toute l'importance de ce commerce, les fit refuser. Il ménageait cet avantage à la France ; et dans ce dessein, il s'embarqua en 1786, emmenant avec lui le fils du roi, l'unique héritier du trône. Vous avez vu avec quelle distinction il fut reçu à la cour de France. Louis XVI avait ordonné de porter des secours efficaces; mais les premiers troubles, avant-coureurs de la révolution, en atténuèrent l'effet, et une intrigue du commandant de Pondichéry acheva de tout perdre; de sorte que l'évêque d'Adran ne put ramener avec lui que deux bâtiments chargés d'un bon nombre d'officiers du génie et de l'artillerie, qui le suivirent volontairement. Ce fut avec ce faible secours qu'il rendit au roi la plus grande partie de ses États. Le reste de sa vie fut partagé entre les fonctions du ministère et de l'épiscopat.

« Me voilà donc, disait-il peu d'instants
« avant d'expirer, rendu au terme de cette
« carrière tumultueuse que, malgré mes
« répugnances, je parcours depuis si long-
« temps; voilà que mes peines vont finir,
« et mon bonheur commencer! Je quitte vo-
« lontiers ce monde où l'on me croyait heu-
« reux; j'y ai été admiré des peuples, estimé
« des rois, respecté des grands; je ne re-
« grette point ces honneurs, ce n'est que
« vanité et affliction: la mort va me procurer
« le repos et la paix. »

Après avoir remercié le médecin du roi et l'avoir consolé de l'inutilité de ses remèdes, il lui dit : « Racontez aussi ce que vous « avez vu ; dites au roi que je n'ai nulle in- « quiétude, nulle frayeur, afin qu'il sache « que les Européens savent également vivre « et mourir. »

Le récit de ces paroles étonna la cour. Aussitôt après sa mort, nous en portâmes la triste nouvelle au roi. Il envoya sur-le-champ un superbe cercueil, avec des pièces de soie et de damas pour l'ensevelir. Le 10 octobre nous le mîmes à bord d'un grand bateau bien orné, et le transportâmes à *Don-Gnai*, où nous arrivâmes le 16 au soir. Le cercueil fut porté à la lueur des flambeaux avec beaucoup d'appareil, et exposé à la dévotion des fidèles dans la grande salle du palais épiscopal, en attendant le retour du roi. On y célébrait tous les jours l'office des morts, auquel les officiers français et les mandarins chinois assistaient en habits de cérémonie ; après quoi le fils du roi les invitait tous à un grand repas à la mode du pays.

L'enterrement se fit le 16 décembre. Le roi avait chargé le prince son fils de diriger le convoi funèbre. On se mit en marche vers deux heures après minuit : le cercueil, enveloppé d'un damas superbe et enchâssé dans un cadre à deux degrés, garni de vingt-cinq cierges allumés, et couvert d'un baldaquin en or, était placé sur un beau brancard d'environ vingt pieds de haut, et porté par quatre-vingts hommes choisis. A la suite paraissait un étendard où étaient brodés en caractères d'or les titres qu'avaient donnés à l'évêque le roi de France et celui de la Cochinchine. Une nombreuse jeunesse chrétienne, portant des couronnes sur la tête et des cierges à la main, entourait le brancard ; toute la garde du roi, composée de plus de douze mille hommes, sans compter celle du prince son fils, était sous les armes et rangée sur deux lignes, les canons de campagne en tête. Cent vingt éléphants, avec leurs escortes et leurs cornettes, marchaient des deux côtés. Tambours, trompettes, musique cochinchinoise et camboyenne, fusées, feu d'artifice, etc., tout relevait cette pompe funèbre; plus de deux cents fanaux éclairaient la marche; environ quarante mille hommes, chrétiens et païens, suivaient le convoi. On ne peut calculer le nombre des spectateurs qu'il attira; tous les chemins, et jusqu'aux toits en étaient couverts. Le roi marchait lui-même à la suite du corps, avec tous les mandarins des différents ordres; et, chose étrange, sa mère, sa sœur, la reine son épouse, ses concubines, ses enfants, toutes les dames de la cour, crurent que, pour un homme si extraordinaire, il fallait passer par-dessus les lois ordinaires; elles y vinrent toutes, et allèrent jusqu'au tombeau.

Le prélat avait choisi pour sa sépulture un jardin fort agréable, à cinq quarts de lieue de la ville. Après que le clergé eut rempli toutes les cérémonies de l'Église catholique, le roi fit un sacrifice selon l'usage du pays. On lut d'abord une oraison funèbre; ensuite il s'avança d'un pas grave et majestueux, la douleur peinte sur le visage, et fit au dé-

funt ses derniers adieux : ses larmes cou-
laient en abondance, et de toutes parts on
n'entendait que des sanglots.

Actuellement, ce prince fait ériger un
tombeau superbe, monument digne d'un
grand monarque et du vertueux prélat. Il
est placé sur une plate-forme de neuf toises
carrées, sur trois pieds de haut, surmontée
d'une belle maison en forme de tente, et environnée d'une muraille à hauteur d'appui,
avec diverses décorations. M. Barthélemy,
qui a suivi l'évêque d'Adran à son retour ici,
est chargé de l'exécution de ce monument.

Introduction du christianisme au Japon, et son
bannissement de cet empire.

Un riche et noble Japonais, âgé d'environ
trente-cinq ans, fut la principale cause de
l'établissement des Portugais au Japon, et
de l'introduction du christianisme dans cet
empire. Ayant tué un homme, et redoutant
les poursuites de la justice, il s'embarqua
pour les Indes sur un navire portugais, se
fit baptiser à Goa avec deux domestiques, et

retourna ensuite au Japon avec trois Jésuites, au nombre desquels était le Père Xavier, que l'Église a mis au rang des saints. Cet homme entreprenant et hardi avait sollicité lui-même l'envoi de ces missionnaires auprès des chefs du conseil souverain de Goa, et leur avait fait entrevoir de grandes facilités pour l'établissement du commerce et du christianisme dans sa patrie. Ces espérances étaient d'autant plus fondées que le Japon était alors ouvert à tous les négociants qui voulaient s'y établir, et que toutes les religions étrangères y étaient accueillies.

Cependant, malgré les espérances dont les Japonais avaient flatté les Portugais, Kœmpfer assure que le Père Xavier et ses confrères n'eurent pas d'abord de grands succès au Japon. Ils ignoraient la langue de cet empire, et ils étaient obligés de faire traduire leurs sermons en japonais par des interprètes peu habiles. Ils lisaient sur le papier ce qu'ils entendaient à peine eux-mêmes, et cette manière de prêcher, jointe à une mauvaise prononciation, ne pouvant être que ridicule, ne devait pas opérer de grands fruits. Enfin, ajoute Kœmpfer, François-Xavier fut si mécontent de l'indocilité des Japonais, qu'il résolut de quitter leur pays et de se rendre dans les Indes, où des succès plus éclatants l'appelaient. Il est certain que ce saint, dit le Père Charlevoix, ne resta qu'un peu plus de deux ans au Japon, où il arriva au mois d'août de l'année 1549, et d'où il partit au mois de novembre de l'année 1551, pour n'y plus retourner.

Les semences que Xavier et ses deux confrères, aidés du Japonais qui leur servait de guide, avaient répandues, fructifièrent dans la suite au centuple, et en moins de trente ans l'Église du Japon compta une multitude prodigieuse de prosélytes, parmi lesquels on comptait plusieurs princes de l'empire. Le peuple surtout, touché de la morale de l'Évangile, si consolante pour les pauvres, embrassait cette nouvelle doctrine avec un empressement extraordinaire. Chaque jour le nombre des fidèles augmentait, principalement dans l'île de Saikof, où l'Évangile fut d'abord prêché. Les princes de *Bungo*, d'*Arima* et d'*Omura*, qui y possédaient des domaines considérables, embrassèrent le christianisme, et envoyèrent en 1582 une ambassade au pape Grégoire XIII, sous la conduite du Père Valégnani, Jésuite. Cette ambassade était composée de quatre seigneurs japonais, parents ou alliés des princes qui les députaient. Le père Valégnani les conduisit, comme en triomphe, dans les principales villes de Portugal, d'Espagne et d'Italie, où ils firent leur entrée publique, et dans la plupart desquelles ils reçurent les honneurs qu'on n'accorde qu'aux ambassadeurs des têtes couronnées.

L'exemple des princes de Bungo, d'Arima et d'Omura, fut suivi non-seulement de tous leurs sujets, mais des peuples voisins, et même des habitants des provinces les plus éloignées. Bientôt les missionnaires furent appelés dans la grande île de Nipon et arborèrent l'étendard de la foi jusque dans Jépo et Méaco, les deux capitales de l'empire. *Nobunanga*, vingt-septième généralissime, qui gouvernait alors l'empire avec beaucoup d'autorité, favorisait ouvertement les missionnaires, moins par attachement pour leur religion que par haine contre les bonzes, qui avaient plus d'une fois traversé ses desseins. Les Jésuites avaient un autre protecteur puissant dans la personne du vice-roi de Méaco : ainsi tout semblait leur promettre que le Japon serait bientôt entièrement converti à l'Évangile. Un coup imprévu renversa toutes ces espérances. Après la mort tragique de Nobunanga, Taico-Sama s'empara de la régence du royaume, ensuite de la souveraine puissance. Ce prince, élevé dans les principes de l'idolâtrie, fut alarmé des progrès rapides du christianisme, qu'il regardait comme incompatible avec toutes les religions du pays, et, par cette raison, propre à semer le trouble et la division dans ses États. Il dissimula d'abord avec les chrétiens, et leur accorda quelques grâces; mais ses véritables sentiments ne tardèrent pas à éclater. En l'année 1586, il publia un édit par lequel il défendait aux Japonais, sous peine de la vie, d'embrasser *la doctrine des Pères* : c'est ainsi qu'on appelait le christianisme. La même année la persécution commença, et plusieurs Japonais furent crucifiés, pour avoir enfreint l'ordonnance de l'empereur. Les chrétiens soutinrent avec vigueur ces premières attaques; mais leur résistance ne fit qu'irriter le gouvernement, et, dans la seule année 1590, plus de vingt mille personnes furent exécutées. Cette première persécution continua presque sans relâche, jusqu'à la mort de Taico-Sama, c'est-à-dire jusqu'à l'année 1598.

Indépendamment des motifs politiques qui déterminèrent cet empereur à exterminer les chrétiens, ceux-ci contribuèrent à leur propre ruine par leur conduite imprudente et par un zèle mal entendu. Un esprit de domination et d'intolérance les portait non-seulement à déclamer en toute occasion contre l'ancien culte du pays, mais encore à insulter ses sectateurs et ses ministres, à briser les idoles et à renverser les temples. De leur côté, les marchands portugais in-

disposèrent le gouvernement, et même les nouveaux chrétiens, par leurs usures, par leur mauvaise foi, et par une avidité insatiable, qui montrait trop clairement qu'ils avaient moins en vue le salut des âmes que l'argent et les terres des prosélytes. Quant aux missionnaires, ils s'éloignèrent trop de la simplicité et de la modestie de leurs prédécesseurs. Ils trouvèrent au-dessous de leur dignité d'aller toujours à pied : ils n'étaient pas contents, s'ils ne se faisaient porter dans des chaises magnifiques. Non-seulement ils s'égalaient aux plus grands seigneurs de l'empire, mais ils s'imaginaient qu'on devait leur accorder un rang supérieur. « Il arriva un jour, dit Kœmpfer,
« qu'un évêque portugais, ayant rencontré
« sur le grand chemin de Jédo un des conseil-
« lers d'État, qui se rendait à la cour de Cubo,
« ne voulut pas faire arrêter sa chaise pour
« mettre pied à terre et témoigner son res-
« pect à ce seigneur, suivant la coutume du
« pays, et que, sans lui donner la moindre
« marque de déférence, il ordonna à ses

« gens d'un air dédaigneux d'avancer et de
« passer près de lui. Une conduite si im-
« prudente et si hautaine, dans un temps
« où les Portugais étaient déjà déchus de
« leur crédit, devait nuire infiniment à l'in-
« térêt de leur nation et à la cause de
« l'Évangile. Le conseiller, indigné de l'in-
« sulte qu'il avait reçue, conçut contre eux
« une haine mortelle, et, dans la chaleur de
« son ressentiment, il s'en plaignit à l'em-
« pereur, dont il excita toute l'indignation
« par l'odieux portrait qu'il lui fit de l'inso-
« lent orgueil de ces étrangers. »

Des religieux de l'ordre de Saint-François
commirent, quelque temps après, une in-
discrétion qui acheva la ruine des chrétiens
au Japon. Envoyés dans cet empire par le
gouvernement espagnol de Manille, avec le
titre d'ambassadeurs, ils prêchèrent publiquement dans les rues de Méaco, et bâtirent
une église dans cette ville, non-seulement
sans la permission de l'empereur, mais
contre la disposition des dernières ordonnances, et malgré les sages conseils et les sol-

licitations des Jésuites. Un mépris si marqué pour les ordres du prince, dans un pays où la moindre désobéissance est punie de mort, même dans les personnes du premier rang, ne contribua pas peu à envenimer la haine de l'empereur contre les chrétiens.

Ijéjas, successeur de Taico-Sama, ne fut pas plus favorable aux missionnaires. Il publia deux sanglants édits, l'un en 1614, l'autre en 1615. Par le premier, il ordonnait que toutes les églises qui restaient aux chrétiens seraient démolies ; que tous les missionnaires européens seraient conduits à Nagasaki pour y être embarqués, avec défense, sous peine de mort, de rentrer dans l'empire, et que tous les Japonais qui n'abjureraient pas le christianisme seraient brûlés vifs. Ce prince déclarait, par un autre édit, que quiconque serait convaincu d'avoir donné asile aux docteurs des chrétiens, serait mis à mort, lui et toute sa famille.

Fide-Tadda, fils et successeur d'Ijéjas en 1616, sévit avec la même rigueur contre les chrétiens. La persécution devint encore plus violente sous le règne de Toxo-gun-Sama, à qui Fide-Tadda résigna la couronne, ou du moins la direction des affaires, en 1622. Ce prince féroce, animé d'une haine implacable contre les chrétiens, inventa contre eux des supplices dont le seul récit inspire l'horreur. De jeunes filles et des femmes de la première qualité furent exposées toutes nues dans les places publiques et prostituées aux bourreaux, qui, après avoir assouvi leur brutalité, les jetaient dans les flammes ou leur tranchaient la tête. D'autres chrétiens furent étendus sur des croix et tourmentés lentement pendant plusieurs jours. Quelques-uns furent précipités dans des fosses remplies de vipères et de matières infectes, ou suspendus par les pieds au-dessus de ces mêmes fosses, dans lesquelles on les descendait la tête en bas, les mains liées derrière le dos, les reins pris dans deux ais échancrés qui ôtaient le jour au patient, et ce tourment durait quelquefois neuf ou dix jours de suite. On en plongeait d'autres

dans les sources brûlantes du mont Ugen,
ou dans un gouffre voisin, rempli de matières sulfureuses, qui leur couvraient en
un moment le corps d'un grand nombre
d'ulcères. On les en retirait ensuite pour
leur proposer d'abjurer le christianisme,
et, s'ils le refusaient, on les replon-
geait dans ces abîmes. Souvent ce supplice
durait quinze jours ; lorsque le corps de ces
malheureux n'offrait plus qu'une plaie, on
les abandonnait à leurs douleurs.

Des chrétiens de tout âge et de toute condition, des missionnaires de différents
ordres religieux, de jeunes filles, des enfants même, supportèrent ces tourments
avec un courage invincible ; mais leur hé-
roïsme ne produisit pas l'heureux fruit qu'il
semblait promettre, et leur sang ne fut pas
une semence de chrétiens. La persécution
ruina en peu d'années la moisson de près
d'un siècle, et la religion chrétienne s'étei-
gnit au Japon dans le sang de ses martyrs.

Deux démarches, aussi criminelles qu'im-
prudentes, achevèrent la destruction de

l'Église japonaise. Les principaux chefs des chrétiens, réduits au plus affreux désespoir, formèrent le plan d'une conspiration qui tendait à causer une révolution dans l'État. Vers l'année 1636, le gouvernement du Japon en eut connaissance par des papiers que les Hollandais trouvèrent dans un bâtiment portugais dont ils s'étaient emparés, et qu'ils firent passer au prince de Firando, protecteur de leur commerce dans les îles japonaises. Le gouverneur de Nagasaki, auquel ce même prince les envoya, était lié avec les Portugais; mais il ne put s'empêcher d'informer la cour d'une affaire de cette importance. Dès ce moment, les Portugais furent bannis à perpétuité du Japon, dont l'entrée fut fermée pour jamais aux missionnaires européens. L'édit de bannissement fut publié en 1667; en voici les principaux articles :

1°. Aucun des bâtiments japonais ne pourra à l'avenir trafiquer dans les pays étrangers, et il ne sera plus permis aux sujets de l'empereur de sortir du Japon. Celui qui contreviendra à ces ordres sera mis à mort, et le navire sera confisqué avec toutes les marchandises.

2°. Quiconque dénoncera un prêtre chrétien recevra pour récompense depuis quatre cents jusqu'à cinq cents schuitz d'argent (depuis 12,000 jusqu'à 15,000 francs), et pour chaque chrétien à proportion.

3°. Tous ceux qui s'intéresseront à la propagation de la doctrine chrétienne, ou qui porteront l'infâme nom de chrétien, seront enfermés dans l'Ombra ou la prison publique.

4°. Toute la race des Portugais, avec leurs mères, leurs nourrices, et généralement tout ce qui leur appartient, sera bannie et renvoyée à Macao.

5°. Quiconque osera porter au Japon une lettre des pays étrangers, ou retourner dans le royaume après son bannissement, sera mis à mort avec toute sa famille. Tous ceux qui oseront demander leur grâce seront mis à mort, etc.

Depuis que l'empire du Japon est fermé

aux Portugais et aux catholiques romains, quelques missionnaires ont essayé en divers temps de s'y introduire, mais presque toujours sans succès, toutes les avenues de ces îles étant si bien gardées, qu'il est presque impossible de franchir ces barrières. En 1709, un ecclésiastique sicilien trouva le moyen de s'y faire débarquer, mais on n'a jamais su ce qu'il était devenu.

Coup d'œil sur les missions et sur les travaux des missionnaires.

Les missionnaires ont porté leur zèle et la connaissance de l'Évangile dans les quatre parties du monde. Animés de l'esprit de Dieu, ils ne se sont laissé intimider par aucun danger, par aucun obstacle.

En Europe, les îles, les provinces et la capitale de l'empire ottoman ont été le théâtre de leurs prédications et de leurs courses apostoliques.

En Asie, on les a vus former des sociétés chrétiennes dans le sein des villes mahomé=

tanes, à Smyrne, à Alep, en Syrie, en Judée, en Perse, dans les Indes, au Ton-King, à Siam, à la Chine, etc.

En Afrique, l'Égypte a entendu leur voix; et les monastères grecs et cophtes, situés sur les limites du désert, et près des bords de la mer Rouge, leur ont donné asile; et les religieux qu'ils renferment ont été édifiés, consolés, affermis par des Jésuites européens.

En Amérique, il n'est aucune contrée de ce vaste continent, depuis les parties les plus reculées du Canada, jusqu'aux extrémités de l'Amérique méridionale, que leurs pieds n'aient parcourue, aucune peuplade qui n'ait reçu leur visite, et n'ait été appelée par eux au christianisme et à la civilisation. Ce qu'aucun voyageur, tout intrépide qu'il fût, n'avait osé tenter, ils l'ont exécuté avec un succès inouï et qui tient du miracle; et, par leur conduite pleine de charité, ils ont expié les cruautés des premiers conquérants du Nouveau-Monde, et réconcilié les Américains avec les Européens, qu'ils regardaient comme leurs bourreaux.

Un nouveau continent, la Nouvelle-Hollande, les Iles-des-Amis, découvertes par le capitaine Cook, offrent une vaste carrière au zèle des nouveaux missionnaires. Voilà des peuples ensevelis dans les ténèbres de l'idolâtrie ; qui entreprendra de leur porter le flambeau de la vraie religion ? quels hommes assez courageux, assez détachés du monde et d'eux-mêmes, iront en faire des hommes et des chrétiens ? Supposons, ce qui nous paraît aujourd'hui impossible, supposons que quelque voyageur nous apprenne que cinq ou six religieux européens, après s'être enfoncés dans l'intérieur de la Nouvelle-Hollande, en ont rassemblé les tribus éparses, qu'ils leur ont enseigné les sublimes vérités de la religion chrétienne et tous les principes de l'ordre social ; ajouterait-on foi au récit de ce voyageur, ou plutôt ne le taxerait-on pas d'imposture, dans l'idée que l'on aurait de l'impossibilité d'un tel événement ? Eh bien !

voilà ce qu'a opéré la prédication des missionnaires dans le Paraguay, dans le Canada, dans l'Inde, etc.

Quant aux missions établies depuis cent cinquante ans dans le vaste empire de la Chine, missions qui, à la vérité, sont aujourd'hui même moins florissantes qu'elles ne l'étaient autrefois, par la disette des ouvriers, on y découvre encore plus clairement le doigt de Dieu, que dans la conversion des sauvages de l'Amérique. En effet, quels obstacles les premiers missionnaires n'ont-ils pas eu à surmonter, d'abord pour y pénétrer, ensuite pour y prêcher l'Évangile, et enfin pour s'y maintenir? Ce n'étaient pas des tribus d'hommes errants et plongés dans l'ignorance qu'il s'agissait de convertir, mais des peuples civilisés, instruits, soumis à des usages dès longtemps consacrés, et a une religion soutenue de toute la puissance impériale, et de celle d'un grand nombre de gouverneurs de villes et de provinces : c'étaient des préjugés établis depuis des milliers d'années

qu'il fallait détruire ; c'était un orgueil profondément enraciné qu'il fallait attaquer, un
orgueil qui formait et forme encore l'esprit
général, le caractère du peuple chinois. Il fallait se rendre favorables des mandarins om-
brageux et tout-puissants, et s'en faire tolérer ; braver la fureur des bonzes, triompher de
leur influence sur l'esprit de la multitude ;
mais ce qui paraissait impossible, il fallait
parvenir jusqu'à la capitale de l'empire, et,
après y être parvenu, les missionnaires
avaient à combattre les préventions excitées
contre eux, et à répondre à des accusations
graves, et souvent bien fondées, relative-
ment aux lois de l'empire, devant les tribunaux les plus rigoureux de l'univers. Tout
cela fait, il restait l'essentiel à faire : c'était
de pénétrer dans le palais impérial, quoique reconnus publiquement pour étrangers ;
d'approcher du souverain le plus respecté,
le plus inaccessible du monde ; de lui inspirer de la confiance, sans autres titres que
ceux des talents et des vertus ; d'obtenir de
lui des audiences souvent refusées aux am-

bassadeurs européens; enfin, d'être admis de sa part à une sorte de familiarité, faveur que les princes de son sang n'osaient pas toujours espérer. Toutes ces difficultés ont été vaincues par les missionnaires contre toute espèce de raisons et même de probabilités. Ils ont fait ce qui est inconcevable, en engageant un empereur à rendre un édit solennel en faveur de la religion chrétienne, et à faire bâtir à ses frais une église dans l'enceinte de son palais.

Que l'on ne dise pas que les missionnaires ont été redevables de ces prodigieux succès à leurs talents et à leurs profondes connaissances en mathématiques et dans plusieurs arts utiles : il est vrai que ces connaissances leur ont été souvent d'une grande utilité; mais quiconque a lu leurs lettres et tout ce qui a été écrit à leur sujet, excepté les inculpations calomnieuses de leurs ennemis, conviendra que s'ils n'avaient été doués d'un courage invincible, d'une patience à toute épreuve; s'ils n'avaient excité l'admiration des infidèles par la sainteté de leur vie, et, surtout, si le bras de Dieu ne les avait soutenus, tous leurs talents n'auraient jamais pu les garantir de la persécution.

Ce n'est pas seulement sous le point de vue de l'apostolat que nous devons considérer les missionnaires; si la religion catholique leur a les plus grandes obligations, ils n'ont pas rendu de moindres services à l'humanité et à l'État. En effet, si leur but principal est de convertir les infidèles à l'Évangile et d'en faire de bons chrétiens, il est certain qu'ils n'y peuvent parvenir qu'en leur faisant connaître les premiers principes de la morale naturelle, pour les amener peu à peu à la pratique de la morale évangélique : or, quel service ne rendent-ils point à des peuples sauvages et barbares, en leur inculquant cette belle science qui lie les hommes les uns aux autres par les chaînes de l'amour, de la condescendance, de la pitié, de la reconnaissance? Quel rôle sublime que celui de ces missionnaires du Paraguay, lorsqu'ils ras-

semblaient les peuplades féroces des Mos-
quites, et les liaient les unes aux autres par
des vertus dignes de l'admiration des anges
et des hommes ! Où sont les philosophes
qui puissent se vanter d'une si belle œuvre?
Est-ce Socrate? est-ce Platon? sont-ce parmi nous ces sophistes, vains prédicateurs
d'une morale métaphysique et sèche, qui
peuvent se comparer à M. Piquet? ce missionnaire infatigable, lorsque, au milieu des
forêts, et sur les bords de l'Ontario il disait
à ses Sauvages : « Mes amis, aimez-vous les
« uns les autres ; les hommes des peuplades
« différentes des vôtres sont vos frères ; vous
« devez les aimer parce qu'ils sont comme
« vous les enfants du grand Esprit. »

Si les missionnaires ont bien mérité de
l'humanité en général, quels services, sous
le point de vue politique, n'ont-ils pas rendus à l'État et ne peuvent-ils pas rendre encore au gouvernement qui se déclarera leur
protecteur?

Sans doute, on n'a pas encore totalement
perdu la mémoire de la haute idée que les

missionnaires de Péking donnèrent du roi de France à l'empereur de la Chine, et en général de tous les gouvernements européens; mais tout le monde ne sait pas que les missionnaires de l'Inde engagèrent le gouvernement de France à établir une compagnie française de commerce dans cette vaste contrée, et que, si le nom français y a été si longtemps aimé et respecté des naturels et des principales puissances qui y ont dominé, ce fut encore plus aux vertus et à la prédication des missionnaires que nous en eûmes l'obligation, qu'à la force de nos armes.

On a vu, dans la notice sur l'évêque d'Adran, que ce missionnaire vraiment Français détourna le roi de la Cochinchine du dessein où il était d'accepter des secours des Anglais. Si les événements qui eurent lieu en France à cette époque, n'avaient pas contrarié ses vues, il n'est pas douteux que les Français ne se fussent établis à la Cochinchine, et que ce pays ne nous eût dédommagés de nos pertes dans l'Inde.

Si l'on parcourt la vie de M. Piquet, écrite par M. de Lalande, on sera étonné de l'activité infatigable que ce missionnaire déploya dans la guerre contre les Anglais, en 1742 et années suivantes, et l'on ne pourra s'empêcher de convenir qu'il ne tint pas à lui et à ses Sauvages que le Canada ne restât à la France.

Les missionnaires rendront toujours les mêmes services à leur patrie. Quand la paix aura étendu ses bienfaits sur les mers comme sur le continent, vingt missionnaires, après dix ans, auront rendu à l'État plus de services que ne l'auraient fait un grand nombre d'envoyés diplomatiques, accueillis pour leurs présents, mais toujours suspects et souvent contrariés par la publicité même de leur mission.

Présent offert par les missionnaires de Péking à la mère de l'empereur Kien-Long (1752).

C'est une ancienne coutume à la Chine de célébrer avec pompe la soixantième année de la mère de l'empereur. Parmi les présents qui furent faits dans cette occasion, il se trouva ce qu'il y avait de plus curieux et de plus rare dans les quatre parties du monde. Les Européens ne s'oublièrent pas. Comme ceux qui sont à la cour n'y sont reçus qu'en qualité de mathématiciens ou artistes, ils voulurent que leur présent-répondît à ces titres et pût être du goût de l'empereur. Ils firent donc une machine dont voici à peu près la description.

Un théâtre en hémicycle, d'environ trois pieds de haut, présentait dans son enceinte des peintures d'un goût délicat : ce théâtre avait trois scènes de chaque côté, qui représentaient chacune des dessins particuliers qu'on avait peints en perspective. Dans le fond était une statue habillée à la chinoise, tenant entre ses mains une inscription par laquelle on souhaitait à l'empereur la vie la plus longue et la plus fortunée. Devant chaque scène étaient aussi des statues chinoises qui tenaient de la main gauche un petit bassin de cuivre doré, et de la main droite un petit marteau de même métal. Ce théâtre était supposé avoir été bâti sur le bord de l'eau : le devant représentait une mer, ou, pour mieux dire, un bassin, du milieu duquel s'élevait un jet d'eau qui retombait en cascade ; une glace de miroir représentait le bassin, et des filets de verre, soufflés à la lampe par un homme du métier fort habile, étaient si déliés et imitaient si bien un jet d'eau, qu'on s'y trompait d'un peu loin. Autour du bassin on avait marqué un cadran en lettres européennes et chinoises. Une oie et deux canards prenaient leurs ébats au milieu de l'eau ; les deux canards barbotaient et l'oie marquait l'heure présente avec son bec. Le tout se mouvait par des ressorts que faisait aller une horloge placée dans la machine. Une pierre d'aimant, cachée aussi, et qui faisait le tour du cadran, se faisait suivre par l'oie, dont la plus grande partie était de fer. Quand l'heure était sur le point de sonner, la statue qui tenait en main l'inscription, sortait de son appartement placé au fond du théâtre, et venait avec un profond respect montrer sa légende : ensuite les six autres statues jouaient entre elles un air, en frappant chacune sur son bassin la note qu'on lui avait assignée, autant de fois et dans les temps que la musique le requérait : cela fini, le porteur de l'inscription s'en retournait gravement, pour ne revenir qu'à l'heure suivante. Cette machine plut si fort à l'empereur, qu'il voulut en témoigner sa reconnaissance aux Européens : il leur fit à son tour un don qui équivalait au moins à la dépense qu'on avait été obligé de faire pour la construction de ce que nous lui avions offert. L'honneur qu'il nous fit dans cette circonstance est ici beaucoup plus précieux que les grandes richesses : il fit placer cette machine dans un des endroits du palais où il va le plus souvent, et on l'y conserve encore aujourd'hui avec grand soin.

C'est ainsi que nous tâchons, pour l'intérêt de la religion, de gagner la bienveillance du prince et de lui rendre nos services utiles et même nécessaires.

Portrait de l'empereur de la Chine Kien-Long (1769).

L'année révolue après mon arrivée à Péking, j'ai été appelé près de l'empereur en qualité d'horloger; je ferais mieux de dire en qualité de mécanicien; car ce ne sont pas des horloges que l'empereur nous demande, mais des machines curieuses. Le frère Thébaut, mort quelque temps avant mon arrivée, lui a fait un lion et un tigre qui marchent seuls, et font trente à quarante pas. Je suis chargé maintenant de faire deux hommes qui porteront un vase de fleurs en marchant. Depuis huit mois j'y travaille, et il me faudra bien encore huit mois pour achever l'ouvrage. C'est ce qui m'a donné plusieurs fois l'occasion de voir l'empereur de près. C'est un prince grand et bien fait; il a la physionomie très-gracieuse, mais capable en même temps d'inspirer le respect. S'il use à l'égard de ses sujets d'une grande sévérité, je crois que c'est moins par caractère, que parce qu'il ne pourrait autrement contenir dans les bornes de la dépendance et du devoir deux empires aussi vastes que la Chine et la Tartarie. Aussi les grands tremblent-ils devant lui. Toutes les fois qu'il m'a fait l'honneur de me parler, ç'a été avec un air de bonté capable de m'inspirer la confiance de lui parler pour le bien de la religion : ce que je ferai sûrement, si la Providence me fournit encore l'occasion d'avoir avec lui un entretien particulier. La première fois que je l'ai vu, il était à côté de moi, il m'interrogeait sur mon ouvrage, et je lui répondais sans le connaître encore, car il n'a pas d'autre marque distinctive qu'un petit bouton de soie rouge sur son bonnet, ne différant en rien des particuliers, quand il n'est pas en cérémonie. Je le prenais pour quelque grand qui, avant l'arrivée de l'empereur, que je savais devoir venir, était envoyé pour s'informer auparavant en quel état étaient les choses. Je ne revins de mon erreur que lorsque je vis le mandarin se mettre à genoux pour répondre à une question que lui fit l'empereur. C'est un grand prince : il voit tout et fait tout par lui-même. Dès la pointe du jour, en hiver comme en été, il monte sur son trône et expédie les affaires. Je ne comprends pas comment il peut entrer dans un si grand détail. Dieu veuille le conserver encore longtemps! Plus il avance en âge, plus il devient favorable aux Européens. Si le Père des miséricordes daignait lui faire connaître l'Évangile, la religion gagnerait bientôt à la Chine ce qu'elle perd peut-être tous les jours en Europe! Du caractère dont il est, il est capable de tout entreprendre et de réussir en tout : il n'a témoigné de la crainte dans aucune occasion, et son esprit lui fournit des ressources dans les événements les plus imprévus.

Classe pour les fils de l'empereur de la Chine (1773).

Près de l'appartement ordinaire de l'empereur, soit à Péking soit à sa maison de plaisance, il y a ce qu'on appelle une classe supérieure, parce qu'elle est uniquement pour les fils de Sa Majesté. Dès qu'ils ont l'âge de s'occuper, il faut qu'ils soient en classe du matin jusqu'au soir; l'âge avancé et les em-

plois ne les en exemptent pas : il y en a actuellement qui ont plus de trente ans et qui
occupent de grands emplois ; les jours même
qu'ils vaquent à leur emploi, dès qu'ils ont
fini ce qui les regarde, il faut qu'ils se rendent exactement à la classe ; autrement, si
l'empereur venait à savoir qu'ils s'en sont
exemptés sans raison, il les punirait, malgré leur âge avancé et leur dignité. Il y a
dans cette classe des professeurs d'histoire,
d'éloquence, de mathématiques, des maîtres pour apprendre à tirer de l'arc, etc. ;
et chacun de ces maîtres a son temps déter-
miné pour donner sa leçon. J'ai connu particulièrement un mandarin du tribunal
des mathématiques, que l'empereur a choisi
pour enseigner les mathématiques à ses fils
et petits-fils : il me racontait qu'en le char-
geant de cette commission ce prince lui avait
dit : « Aie soin de te faire obéir ; et, dans
« tout ce qui regarde ton emploi, prends
« sur tes élèves la même autorité que tous
« les maîtres doivent avoir sur leurs éco-
« liers. J'aurai soin de veiller à ce que tu

« sois obéi. » C'est en effet à quoi l'empereur est extrêmement attentif, que ses enfants aient à l'égard de leurs maîtres la même subordination que les gens ordinaires doivent avoir à l'égard des leurs. Outre que, dans ses moments de loisir, il va quelquefois à la classe, assiste aux explications des maîtres, qu'il fait répéter à ses enfants, il les fait même venir en particulier, et les examine pour voir s'ils profitent. J'ai été témoin qu'à certains jours de réjouissances, l'empereur, du lieu même du spectacle auquel il assistait, faisait venir un ou deux de ses fils, qui eux-mêmes avaient déjà les leurs en classe, leur donnait le sujet d'une pièce d'éloquence, qu'il leur faisait composer dans une chambre voisine, et ne leur permettait le plaisir du spectacle qu'après avoir été satisfait de leur composition. C'est quelque chose d'étonnant que cette subordination des fils de l'empereur, quelque avancés qu'ils soient en âge. Il est vrai qu'ils ont en cela l'exemple de l'empereur leur père, qui, à l'âge de soixante-trois ans, bien loin de se dispenser, à l'égard de l'impératrice sa mère, âgée de quatre-vingt-deux ans, d'aucune des cérémonies gênantes que l'usage prescrit aux enfants envers leurs pères et mères, croirait manquer aux premiers devoirs de la nature, dont un prince doit donner l'exemple à ses sujets, s'il ne s'humiliait pas autant devant sa mère que le dernier des sujets doit s'abaisser devant lui.

État actuel des missions orientales, d'après les renseignements fournis à l'éditeur par un ancien missionnaire de la Chine.

La prophétie de Jésus-Christ, au sujet de la prédication de l'Évangile, continue de s'accomplir, et les peuples de l'Asie commencent à marcher à cette lumière divine qui éclaire les peuples de l'Europe depuis dix-huit siècles. L'empereur de la Chine, fils aîné et successeur de Kien-Long, se montre plus favorable aux chrétiens que ses deux prédécesseurs. Plusieurs missionnaires européens, français et portugais, remplissent à Péking les fonctions d'astronomes et d'artistes, et profitent de la considération que leurs talents leur attirent pour y maintenir et étendre le règne du christianisme. L'empereur ne l'ignore pas, et néanmoins les laisse tranquilles. Il y a cinq églises dans la ville de Péking. Un évêque portugais y fait sa résidence : quoique les lois contre les missionnaires subsistent toujours, la religion chrétienne ne laisse pas de se répandre rapidement dans les provinces, par le moyen des prêtres chinois qui y sont en grand nombre, et dont le zèle mérite les plus grands éloges. Si, ce qu'on espère, des Chinois sont un jour élevés à l'épiscopat pour gouverner la nombreuse chrétienté qui s'est formée dans leur empire, aucun préjugé de nation n'empêchera plus les empereurs de tolérer une religion qu'ils ne repoussent qu'à cause de leur méfiance envers les étrangers qui la prêchent. Il y a quelques années que les mandarins faisaient droit aux dénonciations quelconques dirigées contre des chrétiens par les idolâtres : aujourd'hui plus tolérants, ils demandent aux délateurs si ceux qu'ils accusent ont commis quelque crime contre les lois; si, par exemple, ils ont à leur reprocher l'assassinat, le vol, l'adultère, etc.; s'ils répondent négativement, les mandarins les chassent de leur présence, en leur reprochant l'indignité de leur accusation.

Depuis quelques années, le roi de la Cochinchine, qui avait été détrôné par un usurpateur, et pour le rétablissement duquel l'évêque d'Adran était venu demander des secours à Louis XVI, a soumis à ses États le royaume de Tong-King, dont le souverain avait soutenu son concurrent. Le jeune prince, fils de ce roi, qui vint en France en 1787, est mort, mais sans avoir reçu le baptême qu'il désirait vivement de recevoir. Son père, qui s'y opposa, ne laissa pas néanmoins de protéger les missionnaires, et de permettre dans ses vastes États le libre exercice de la religion chrétienne. M. Boisserand, qui y remplissait les fonctions de vicaire apostolique, a terminé sa courageuse carrière, ainsi que M. Tranchant, vicaire apostolique à la Chine. Ces deux missionnaires étaient partis de France, encore jeunes, avec l'évêque d'Adran, lorsque celui-ci retourna en Cochinchine.

A Siam, à la côte de Malabar, l'Évangile est prêché librement; et, dans tous ces pays, les missionnaires ont établi des séminaires et bâti des églises. Un jour viendra peut-être, et ce jour n'est pas éloigné, où, depuis le cap Comorin jusqu'aux rivages les plus lointains des mers de la Chine, le vrai Dieu sera adoré, et la foi triomphera de l'idolâtrie dans laquell e tant de peuples sont encore ensevelis. La lumière est venue de l'Orient dans l'Occident; sans doute elle retournera de l'Occident dans l'Orient. Au reste, quand même les peuples des vastes contrées dont nous venons de parler ne se convertiraient pas au christianisme, on n'en pourrait rien conclure contre la prophétie de Jésus-Christ; car il n'a pas dit que l'Évangile serait reçu dans tout l'univers, mais qu'il y serait prêché; or, sous ce rapport, cette prophétie est déjà accomplie pour la plus grande partie de l'univers connu.

Le reste de l'entretien que j'eus avec le vénérable missionnaire est trop intéressant pour que je ne le rapporte pas mot à mot, autant que ma mémoire peut me le rappeler.

LE MISSIONNAIRE.

Si c'est une chose consolante pour un chrétien, que les progrès de notre sainte religion dans l'Orient, à une époque où la foi s'affaiblit de jour en jour en Europe, c'est une chose bien remarquable, que le temps où le christianisme s'établissait à la Chine par la protection que lui accordait l'empereur Kan-Ki soit précisément celui où la France commençait à être infectée du poison de l'incrédulité.

L'ÉDITEUR.

Cet événement est bien conforme à la prédiction du Fils de Dieu, renfermée dans ces paroles : « Le royaume de Dieu sera « transféré du milieu de vous chez une na- « tion qui saura en profiter. »

LE MISSIONNAIRE.

Cet oracle doit nous faire trembler. Tout ce que je vois, tout ce que j'entends m'annonce que la foi s'éteint parmi nous pour éclairer des nations lointaines. Le Seigneur n'a plus qu'un petit troupeau dans ces Gaules, autrefois si renommées pour la piété des peuples qui y habitaient.

L'ÉDITEUR.

Ce n'est pas tout à fait ce que j'ai voulu dire, et je me garderai bien de faire aucune application. Il me semble que nous ne devons pas ainsi désespérer de la bonté de Dieu à notre égard. L'Église de France, cette Église si illustre par les lumières et les vertus de ses pasteurs, est encore debout, et nous n'avons plus à craindre pour elle les persécutions qu'elle a essuyées il y a quelques années. Les temples sont ouverts; le saint sacrifice ne cesse point d'y être offert sur les autels; les sublimes vérités de l'Évangile y sont toujours annoncées, et notre clergé est encore un modèle que peuvent imiter les autres clergés de l'Europe.

LE MISSIONNAIRE.

Ce n'est point le pasteur qui manque au troupeau, mais c'est le troupeau qui manque souvent au pasteur. Je ne vois plus dans nos églises cette affluence de fidèles que j'y voyais il y a trente ans. Quelle différence entre les chrétiens de la Chine et du Tong-King et ceux de la capitale ! Plusieurs fois j'ai versé des larmes d'attendrissement et de joie, en voyant arriver de quarante et cinquante lieues des troupes de fidèles, pour assister à nos instructions et participer à nos sacrements.

L'ÉDITEUR.

Nos pasteurs ont toujours un troupeau, il est vrai peu nombreux, et vous n'ignorez pas que jamais la foule n'est entrée dans la voie qui conduit au ciel. Les temps orageux où nous avons vécu ont servi à démêler la paille d'avec le bon grain. L'Église catholique, qui sait bien que, parmi ceux qui assistent à ses solennités et participent à ses sacrements, il n'est qu'un petit nombre d'adorateurs en esprit et en vérité, ne croit point pour cela que la foi va s'éteindre dans l'esprit de tous ses enfants. Sans doute vous ne voudriez pas assurer que les chrétiens chinois et cochinchinois que vous avez convertis étaient tous des élus.

LE MISSIONNAIRE.

Je sais fort bien que le clergé de France est animé d'un esprit vraiment apostolique ; que la France renferme encore un bon nombre de vrais chrétiens ; que l'affluence des peuples qui fréquentent les temples n'est pas une preuve certaine de leur foi. Mais ne serait-il pas à désirer que le peuple français montrât plus de zèle pour ce qui concerne le culte divin ?

L'ÉDITEUR.

Ne jugeons pas du peuple des départements par celui de la capitale, où la dissipation a nui dans tous les temps à l'esprit de religion. Si votre âge avancé vous permettait encore de voyager, vous trouveriez une grande différence entre eux. Au reste, reposons-nous-en, pour le maintien de notre religion, sur le bon esprit qui anime le gouvernement, qui sait bien que les principes religieux sont le meilleur garant de la fidélité d'une nation.

LE MISSIONNAIRE.

Ce que vous dites me tranquillise, en me faisant espérer que le christianisme sera longtemps encore la religion des Français. Il est vrai que, ne voyageant plus et ne sortant preque jamais de ma paroisse, je ne puis juger qu'imparfaitement de ce qui se passe ailleurs ; mais je m'en rapporte à ce que vous m'avez dit, et je me sens porté à croire que le royaume de Dieu ne nous sera pas enlevé si tôt que je le pensais.

L'ÉDITEUR.

Je pourrais vous donner bien des preuves de l'esprit de religion qui anime encore aujourd'hui un grand nombre de fidèles. En voici une qui sans doute vous paraîtra solide; c'est le *Moniteur*, journal officiel, qui me la fournit.

LE MISSIONNAIRE.

Vous me consolez et me rassurez par ce discours.

L'ÉDITEUR.

Qu'est-ce qui prouve mieux l'esprit de religion que l'esprit de charité? Eh bien! si vous lisiez le *Moniteur*, vous y verriez de temps en temps une liste bien édifiante de dons et de legs laissés aux pauvres, aux hospices, aux églises, par un grand nombre de mourants, ou d'autres personnes jouissant d'une bonne santé. Croiriez-vous que depuis environ quinze ans ces dons charitables se montent à la somme de plusieurs millions?

LE MISSIONNAIRE.

Ainsi, il y a plus de sept justes dans notre vieille France.

L'ÉDITEUR.

A en juger par les actes de charité dont je viens de vous parler, il y en a encore un bon nombre, sans compter les personnes dont les noms et les bienfaits restent inconnus.

LE MISSIONNAIRE.

Ce serait pour la France un grand bonheur, si la charité remplaçait parmi ses habitants cette bienfaisance fastueuse, cette froide philantropie dont on faisait autrefois une si vaine parade.

L'ÉDITEUR.

Je vous remercie des renseignements que vous avez eu la bonté de me donner sur l'état actuel des missions; mais c'est avec douleur que j'ai appris la fin prématurée de M. Tranchant, mon camarade d'études. La piété dont il faisait profession depuis sa plus tendre jeunesse, et qui animait ses travaux apostoliques, lui aura sans doute mérité la couronne d'immortalité.

FIN.

TABLE DES MATIÈRES.

Avant-propos.............................. Page   5
Littérature et sciences des Indiens............   7
Description géographique de l'Inde. — Tamer-
   lan..................................   13
Du Grand-Mogol...........................   17
Découvertes de trente-deux îles, au sud des îles
   Mariannes (1697).........................   19
Détails sur la ville de Manille (1729)..........   27

NOTIONS SUR LA CHINE.

Religion des peuples du Tong-King............   29
Religion de quelques montagnards qui se sont
   affranchis du joug de la Cochinchine et de
   celui du Tong-King (1766)..................   34
D'Achen, ville capitale du royaume du même
   nom....................................   37
De la ville de Malaca et de l'Ile-Verte..........   41
De la ville de Macao........................   43
Du Tong-King et de l'établissement du christia-
   nisme dans ce royaume. — Mœurs de ses ha-
   bitants (1700)............................   46
Des différents objets de commerce qui ont cours
   à la Cochinchine, au Tong-King et à Siam..   50
Climat et productions du Tong-King..........   55
Usages singuliers au Tong-King..............   60
De Canton, ville de la Chine et port de mer...   64

De quel caractère doivent être les missionnaires
de la Chine................... Page 68
Obstacles à la conversion des dames chinoises.. 70
Missionnaires présentés à l'empereur de la
Chine. — De la ville de Péking, capitale de
cet empire (1703)...................... 73
De la province et de la ville de Nanking. —
Voyage de l'empereur de la Chine........ 81
Manière de vivre et de se vêtir que doivent
adopter les missionnaires de la Chine........ 86
Construction d'une église dans l'enceinte du pa-
lais de l'empereur de la Chine (1704)...... 91
Exemple de vertu donné par un chrétien chi-
nois.................................... 97
De la ville de King-te-Tching, où se fabrique
toute la porcelaine de la Chine (1712)...... 98
Des productions de la Chine.............. 101
Manufactures de la Chine................ 106
Aliments et cuisine des Chinois........... 110
Des temples et des prêtres chinois nommés
bonzes............................... 113
De quelques usages en vigueur à la Chine. —
Détails............................... 116
Proscription de la religion chrétienne à la Chine
(1722)............................... 122
Suite du même sujet (1724)............... 123
Gazette officielle de la Chine (Canton, 1727).. 133
Libéralité de l'impératrice en faveur des femmes
avancées en âge....................... 135
Tendresse paternelle de l'empereur pour les
pauvres.............................. 140

Bel exemple de désintéressement donné par un homme et une femme du peuple...... Page 143

Maximes de morale chinoise................... 149

Des caractères chinois (1705)................. 157

Chinois réputés infâmes..................... 158

Du fleuve Yan-Tse-Kiang, et autres curiosités chinoises............................. 160

Précis du voyage du Frère Attiret, de Macao à Péking (1742)........................ 162

De la fête des lanternes à la Chine........... 172

De la cire d'arbre, production de la Chine..... 173

Goûts de l'empereur Kien-Long pour les arts; travaux des missionnaires pour les satisfaire (1754)............................... 176

Cérémonies du mariage pratiquées à la Chine.. 181

Des jardins chinois......................... 188

Moyen employé par les missionnaires pour étendre dans la Chine le règne du christianisme. — Prêtres chinois (1724)............ 192

De la langue chinoise....................... 195

Livres classiques de la Chine................ 198

Imposteurs révérés par les Chinois (1769)..... 200

Repas de l'empereur de la Chine............. 203

Collection de livres formée par l'empereur Kien-Long (1765)........................... 206

Récit de la reconnaissance faite à Goa du corps de saint François-Xavier, apôtre des Indes (1782). 209

Détails sur l'état du christianisme dans la Chine vers la fin du siècle dernier............... 214

Embarras des missionnaires de la Chine pour transporter leurs chapelles............... 219

État du christianisme dans le royaume de Corée,
tributaire de l'empire de la Chine.. . . Page 222
Détails sur la Cochinchine. 223
Bon accueil fait aux missionnaires par le roi de
Cochinchine. 231
Sentiments des chrétiens cochinchinois à l'égard
des missionnaires, et par rapport à la reli-
gion. 233
Nouveaux progrès de la religion chrétienne dans
la Chine. 234
Détails sur l'évêque d'Adran, mort premier mi-
nistre de la Cochinchine. 236
Introduction du christianisme au Japon, et son
bannissement de cet empire. 242
Coup d'œil sur les missions et sur les travaux
des missionnaires. 255
Présent offert par les missionnaires de Péking à
la mère de l'empereur Kien-Long (1752). . . . 264
Portrait de l'empereur de la Chine Kien-Long
(1769). 268
Classe pour les fils de l'empereur de la Chine
(1773). 270
État actuel des missions orientales, d'après les
renseignements fournis à l'éditeur par un ancien missionnaire de la Chine. 273

FIN DE LA TABLE.

DE L'IMPRIMERIE DE CRAPELET, RUE DE VAUGIRARD, 9.

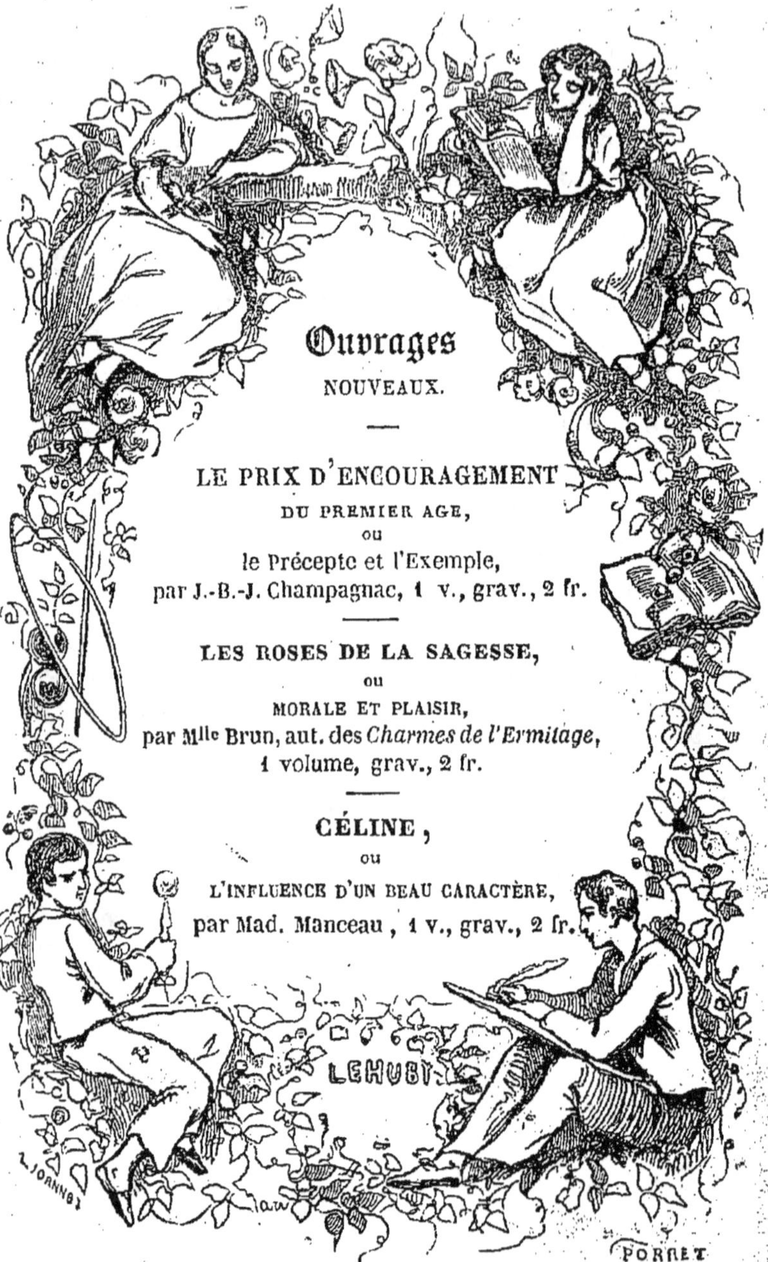

Ouvrages
NOUVEAUX.

—

LE PRIX D'ENCOURAGEMENT
DU PREMIER AGE,
ou
le Précepte et l'Exemple,
par J.-B.-J. Champagnac, 1 v., grav., 2 fr.

—

LES ROSES DE LA SAGESSE,
ou
MORALE ET PLAISIR,
par Mlle Brun, aut. des Charmes de l'Ermitage,
1 volume, grav., 2 fr.

—

CÉLINE,
ou
L'INFLUENCE D'UN BEAU CARACTÈRE,
par Mad. Manceau, 1 v., grav., 2 fr.

LEHUBY

E. Duverger, imprimeur.